The
80:20
Learner

80:20
학습법

최소한의 노력과 시간으로
최대 효과를 내는 학습법

피터 홀린스 지음
김정혜 옮김

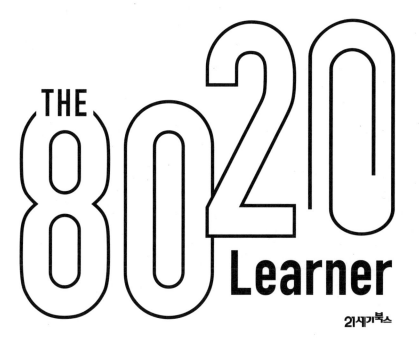

THE
8020
Learner

21세기북스

더 적게, 그러나 더 깊게

　삶은 바다를 항해하는 것과 같다. 방대한 기록의 파도 속에서 무엇이 보물인지 분별하지 못한다면, 우리는 방향을 잃고 표류할 뿐이다. 30년간 기록학을 연구하며 나는 깨달았다. 이 바다를 항해하는 방법은 단 하나, 쓸모 있는 20퍼센트를 찾아 나머지 80퍼센트를 비우는 것이다. 중요한 것을 남기고 나머지는 정리하라. 기록에서도, 공부에서도, 심지어 독서에서도 이 원칙은 변하지 않는다.

　《80:20 학습법》은 이 단순하지만 심오한 진리를 완벽히 체계화한 책이다. 학생에게는 시간을 아끼는 등불이 될 것이고, 공부를 다시 시작하려는 이들에게는 길잡이가 되어 줄 것이다. 독서로 삶을 풍요롭게 하고 싶은 사람, 직장에서 더 큰 성과를 내고 싶은 사람, 이 모두에게 이 책은 중요한 20퍼센트를 찾아 주는 나침반 역할을 할 것이다.

흔히 "열심히 하면 뭐든 가능하다"고들 말한다. 하지만 이 책은 한 걸음 더 나아가 묻는다. "올바른 방향으로 열심히 하고 있는가?" 효율 없는 노력은 결국 방향 없는 걷기와 같다. 그러나 효율적으로 일하면 성취가 손에 잡히고, 성취는 기쁨을 낳는다. 그 기쁨이 다시 더 큰 열정을 불러온다. 학습이든 일이든, 최적화된 방법으로 다가갈 때 비로소 이 선순환이 시작된다.

학습에도 다이어트가 필요하다. 방대한 내용을 무작정 섭취하기보다, 20퍼센트의 핵심을 파악해 나머지 80퍼센트를 이해하는 법.《80:20 학습법》은 학습뿐 아니라 독서에도 이 다이어트를 적용하라고 권한다. 내가 즐겨 이야기하는 '생각 독서법'과도 통하는 대목이다. 책의 핵심 내용을 추려내고, 그것을 곱씹으며 사고의 실타래를 풀어 가는 것. 바로 이 과정이 독서를 단순한 정보 습득이 아니라 깊은 지적 여정으로 만든다.

기술을 익히는 방법 역시 이와 같다. 모든 것을 잘하려는 완벽주의는 결국 아무것도 이루지 못하는 길로 이어진다. 대신, 가장 중요한 핵심 기술에 집중하라. 그것을 반복하고 몸에 익히면, 그 기술이 문제 해결의 열쇠가 된다. 기억도 마찬가지다. 중요한 키워드 하나가 전체 내용을 상기시키는 출발점이 된다. 이를 가능케 하는 마인드맵, 메모 습관은 단순한 도구가 아니라, 사고의 근육을 단련하는 운동이다.

내가 강조하는 기록 공부법, 기록 독서법은 모두 80:20 법칙을 바탕으로 한다. 메모하고 기록하는 것은 80을 과감히 비우고 20을 붙잡는 실행적 방법이다. 이 책은 80:20 법칙을 다양한 삶의 영역에 적용하는 방법을 알려 준다. 그리고 그 실행 도구로 메모와 기록을 적극 활용하라고 조언한다.

보물은 넓은 바닷속 한 조각의 진주와 같다. 중요한 20퍼센트를 찾아라. 그것이 당신을 변화시킬 것이다. 《80:20 학습법》, 이 책과 함께 삶의 바다를 항해하기를 바란다.

_ 김익한, 대한민국 1호 기록학자,

37만 자기계발 유튜브 〈김교수의 세 가지〉 크리에이터,

《거인의 노트》 저자

1

The 80:20 Learner

80:20을
삶의 원칙으로
만들어라

Shortcuts
to Fluency,
Knowledge, Skills,
and Mastery

THE 80-20 LEARNER

1941년, 공학자이자 경영 컨설턴트인 조지프 M. 주란(Joseph M. Juran)은 이탈리아의 경제학자이며 사회학자였던 빌프레도 파레토(Vilfredo Pareto)가 발견한 어떤 현상에 관심을 갖게 되었다. 파레토는 이탈리아의 토지 약 80퍼센트를 인구의 단 20퍼센트가 소유한다는 사실을 관찰했다. 주란은 파레토의 관찰 결과를 적극적으로 활용하고 발전시켰고, 토지 소유를 넘어 삶의 거의 모든 것이 이런 식으로 불평등하게 분배된다고 주장했다. 요컨대 **모든 결과나 현상의 80퍼센트가 실제로는 20퍼센트의 원인에서 발생한다는 것이다.** 주란은 파레토 법칙으로 불리는 이 개념을 경제학, 수학, 산업을 포함해 많은 분야에 두루 적용했다.

　이후 파레토 법칙은 더욱 광범위하게 활용되면서 비즈니스, 학습, 자기계발의 모든 문제에서 나타나는 독특한 분배 방식을 설명하고 규정하는 데 도움을 주었다. 특히 주란은 경력 후반부에 이 법칙을 다양한 상황에서 임시방편적인 방식으로 유연하게 사용했다. 그는 이것이 법칙이라기보다 어떤 현상에서 '핵심적인 소수(vital few)'와 '쓸 만한 다수(useful many)'가 불공평하게 공존하는 편향된 분배를 설명하는 원칙이라고 소개했다. 그리고 마침내 누구나 자신에게 유리한 방식으로 이 원칙을 사용할 수 있다고 결론 내렸다. 예컨대 우리가 훨씬 덜 중요한 80퍼센트보다 '핵심적인' 20퍼센트에 의도적으로 집중할 때 효율이 자연히 높아진다.

　오늘날 대중문화에 80:20 법칙이 적용되는 것을 보면, 파레토가 애초 주장한 것과는 거리가 멀다. 그럼에도 어느 분야에 종사하든 우리가 최대한의 성과를 얻기 위해 어떻게 전략적으로 주의를 집중할 수 있는지에 관한 중요한 진실을 대변하는 것은 틀림없다. 따라서 결론은 명백하다. 자원이 제한적이라는 점에서 우리는 최대한 '본전을 뽑을' 가능성이 큰 20퍼센트의 상황에 우선적으로 집중해야 한다. 당연히 이다음 숙제는 그 20퍼센트를 찾아내는 것이다!

80:20 법칙은 구체적인 사안에서도, 추상적이고 포괄적인 개념에서도 아주 명확히 성립한다. 이 법칙을 어떻게 적용하든 그리고 자신의 목표가 무엇이든, 중요한 20퍼센트에 꾸준하게 작은 노력을 기울이면 누구나 실질적인 성공을 이룰 수 있다. 악기나 언어를 배우기 위해서도 자기계발을 위해서도 비즈니스를 성장시키기 위해서도 말이다.

80:20 법칙은 **어디에나** 있다.

- 고객 서비스는 고객 불만의 20퍼센트를 관리하는 데에 시간의 80퍼센트를 써도 된다.
- 건강 관리 기금의 80퍼센트가 20퍼센트의 인구에 사용된다.
- 비즈니스에서 매출의 80퍼센트는 20퍼센트의 고객이 창출한다.
- 80퍼센트의 사람은 대체로 스마트폰에 설치된 앱의 20퍼센트만 사용한다.
- 소프트웨어 버그의 20퍼센트가 오류의 80퍼센트를 일으키는 원인이다.
- 옷장에 걸린 옷의 20퍼센트가 평소 입는 옷의 80퍼센트를 차지한다.

- 우리가 하는 운동의 20퍼센트가 건강에 80퍼센트의 영향을 미친다.
- 문제의 20퍼센트만 분석하고 해결하면 문제의 80퍼센트가 사라진다.
- 대인관계의 20퍼센트가 사회적 욕구의 80퍼센트를 충족시킨다.
- 몸에 좋은 음식은 80퍼센트만 섭취해도 충분하고, 20퍼센트는 원하는 대로 먹어도 된다.

이 책은 **학습, 기술 단련, 새로운 정보 습득, 기억력 향상**을 위해 80:20 법칙을 정확히 어떻게 사용할 수 있는지에 초점을 맞춘다. 이 법칙이 우리가 기술과 강점을 최대한 발휘하도록 도와줄까? 집중력을 높여 줄까? 우리가 군살을 뺀 미니멀한 삶을 계획대로 유지하도록 도움을 줄까? 무엇보다, 학습 능력 향상에 보탬이 될까?

두말하면 잔소리, 당연히 도움이 된다!

하지만 한 가지 주의할 점이 있다. **80:20 법칙은 1940년대 이래로 많은 사람이 오해했고, 오늘날에는 정당하지 않은 상황에도 막무가내로 적용되는 경우가 많다.** 삶의 많은 것이 이 분배 구조를 따르지만 다는 아니다. 그렇기 때문에 이 책에서 기술

하나가 반복적으로 등장한다. 이 법칙을 **어떻게** 적용할지는 물론이고, 이 법칙을 적용**할지 여부**에 관해 신중하고 전략적으로 생각하는 기술이다.

80:20
학습의 왕도

80:20 법칙은 하나의 지침(guideline)이지 엄격한 수학 법칙이 **아니라**는 사실에 주목하자. 원인과 결과의 각 비율을 더해 꼭 100이 되어야 하는 것은 아니다. 정확한 수치도 상황별로 달라질 수 있다. 이 법칙은 노력과 결과가 비례하지 않고 둘 사이에 불균형이 존재한다는 것을 강조할 따름이다. 또한 나머지 80퍼센트가 하찮다거나 무시해도 된다는 뜻도 아니다. 핵심은 꼼수를 쓰는 것에 있지 않다. 효율은 높여 주고 소소한 만족으로 그치는 행동에 시간을 낭비하지 않도록 해 주는 실질적인 방법을 찾는 것이 관건이다. 간단히 말해, 80:20 법칙의 목표는 더 열심히 하는 게 아니라 더 똑똑하게 일하는 것이다.

쉬운 예를 들어 보자. 학생들이 긴 학술 논문 5편을 읽으라는 과제를 받았다. 그런데 시간이 너무 부족해서 학생들은 과제를 신속하게 해낼 방법을 찾아야 한다. 어떻게 하는 것이 최선일까? 80:20 법칙은 데이터가 기재된 수많은 페이지 속에 가장 중요하고 필수적인 정보가 숨어 있다는 사실을 이해하도록 도와준다. 이런 정보가 전체 글자 수의 대략 20퍼센트라고 하자. 학생들은 이 정보가 초록(abstract)과 결론 문단에 있을 가능성이 가장 높고, 수치와 도표에서도 찾을 수 있을 거라고 추측한다. 그래서 이러한 부분을 먼저 읽는다. 그런 다음 시간이 남는다면 그제야 나머지 80퍼센트를 읽는다. 결과적으로 학생들은 80:20 법칙을 성공적으로 적용한 덕분에 삶이 좀 더 수월해졌고, 시간이라는 제한적인 자원을 효과적으로 사용해 공부했다.

하지만 이 과목에서 최소한의 노력으로 가능한 한 최고의 성적을 받고 싶은 다른 학생이 있다고 생각해 보자. 이 학생은 80:20 법칙을 적용해 결국 중요한 것은 최종 성적이며, 기말 시험 점수가 최종 성적에서 대부분의 비중을 차지한다는 것을 알고 있다. 그리하여 결과의 80퍼센트가 20퍼센트의 노력에서 (즉 기말 시험) 발생하므로 '기말 시험 공부'에만 오롯이 집중

하고 실습, 토론 수업, 참고 문헌 공부는 일절 배제하기로 결
정한다. 이런 식으로 공부한 학생은 기말 시험에서 대략 상위
30퍼센트의 성적을 얻는다(기껏해야 B 학점이다!). 그나마 자신이
배운 알량한 지식마저 곧바로 잊어버린다. 전체 학습 과정이
얕은 데다 벼락치기였으니 당연하다. 시험은 통과했지만 이게
뭔 대수일까. 배운 것이 거의 없는데 말이다. 정말 이것이 상
황에 대처하는 가장 '생산적'인 방법일까?

이 두 사례가 주는 교훈은 명백하다. 80:20 법칙은 유익한
시작점이지만, 이 법칙의 참된 가치는 우리가 다음의 네 가지
를 명확하게 생각하도록 도와주는 것에 있다.

- 가장 중요한 과제는 무엇일까
- 나의 절대적인 한계치는 어디까지일까
- 나의 목표는 무엇일까
- 나의 우선순위는 무엇이고 내가 신경 쓰지 않는 것은 무엇일까

근본적으로 볼 때, **80:20 법칙의 진정한 목적은 분별력**
(discernment)**을 키우는 것이다.** 분별력이 있는 사람은 소음을 포
함해 주의를 흩뜨리는 요인을 명확히 간파한다. 아울러 정보,

행동, 선택, 사안, 결과 등등 진실로 가장 중요한 것을 정확히 식별한다. 80:20 법칙은 집중과 신중함 그리고 낭비와 실수를 피하는 것과 관련 있다.

파레토는 토지 소유가 불평등하게 분배되는 현상을 관찰했을 뿐이라는 점을 주목해야 한다. 이를 오해하지 마라. 파레토가 이런 관찰 결과를 통해 미래에 누가 부자가 되고 누가 토지를 소유할지 예측할 수 있었을까? 토지가 어째서 이런 식으로 분배되는지 이해했을까? 이런 분배 구조를 어떻게 바꿀 수 있을지 알았을까? 전부 아니다. 다른 말로, 파레토의 법칙은 순전히 기술적(記述的, descriptive)인 이론이었다.

당신 제품의 20퍼센트가 총 생산량의 80퍼센트를 차지한다는 사실을 알아도 마찬가지다. 이런다고 그 20퍼센트가 어떤 것인지 알아내는 마법 같은 능력이 생기지는 않는다! 불균형적인 강력한 원인이 있음을 안다고 해서 그러한 원인을 식별하는 안목이 높아지는 것이 아니라는 말이다. 설령 그러한 원인을 식별하더라도, 영향력이 가장 큰 문제를 어떻게 해결할지 즉각적으로 이해하는 것도 아니다.

안타깝지만 삶에는 우리를 노력과 힘든 일에서 해방시켜주는 '치트 키'가 존재하지 않는다. 그래도 다음의 네 가지 요

20

소와 더불어 80:20 법칙을 적용하면 도움이 된다.

- 끊임없이 관찰하며 최신 정보를 습득하고자 하는 의지. 진전은 반복 과정이며 시간이 필요하다.
- 몸에 배인 습관에 따라 기계적으로 행동하기보다 과정에 관심을 기울이려는 의지.
- 낭비와 과도함을 지속적으로 제거하는 능력.
- 자신의 생각에 대해 생각하고 자신의 학습에 대해 학습하는 능력인 메타인지(metacognition).

결론은? 80:20 법칙은 강력하지만 지능적으로 적용할 필요가 있다. 지금부터 다양한 학습 환경에 80:20 법칙을 어떻게 적용하는지 알아보자.

공부와 학습

우리가 학생이라고 가정할 때, 80:20 법칙은 성공의 대부분이 전체 노력의 작은 부분에서 기인한다고 해석해도 된다. 예를 들어 공부에 투입하는 노력과 시간의 대략 20퍼센트가 시험 성적의 80퍼센트를 좌우하는 반면, 나머지 80퍼센트는 미미한 영향만 미칠 것이다('유익'하되 '핵심적'이지는 않다).

이 법칙을 이해하면 결과에 가장 큰 영향을 미치는 핵심적인 인풋(input)을 쉽게 식별할 수 있다. 그런 다음 이에 집중하고 최적화하면 된다. 이 원칙을 적용해 수업에서 배우는 내용의 작은 일부가 시험 문제의 대부분을 차지한다는 것을 간파하면, 결정적인 그 정보에 최우선 순위를 부여하고 집중할 수 있다. 공부에 투자하는 시간도 비슷하다. 자신이 공부 시간의 80퍼센트를 교재의 단 20퍼센트에 투자한다는 사실을 알게 된다면, 이는 학업 성취와 가장 관련 깊고 영향력이 큰 과목들에 집중함으로써 시간을 더욱 효율적으로 배분할 수 있다는 뜻이다.

이제는 교육에 80:20 법칙을 적용해 보자. 생산성이 낮은 활동에 자원을 낭비하지 말고, 최대한의 성과를 내는 영역들에 시간과 노력을 투자하라. 학습 자료는 당연하고 다음의 로드맵을 따라 그 자료를 공부하는 방식과 방법에도 80:20 법칙을 적용하라.

1단계 열 가지 공부법을 목록화하라

자신이 주로 사용하는 다양한 공부법을 생각해 보라. 학습 자료 반복 읽기, 포모도로 기법(Pomodoro technique)[1] 같은 생산성 도구 사용하기, 필기, 핵심 단어 강조 표시하기 등등. 이러한 공부법을 목록화하라. 10개 미만일 때는 새로운 공부 전략을 폭넓게 조사하고, 자신의 요구와 필요에 적합한 것을 선택하라.

2단계 공부법을 분석하고 비교하고 순위를 매겨라

사용 용이성(ease of use), 시간 소모, 학습 성과 같은 여러 요소를 기준으로 각 공부법을 평가하라. 학습 자료를 더 빨리 더 확실히 이해할 수 있는 방법을 결정해서 기록하라. 이와는 반대로, 별다른 성과를 내지 못하면서 시간만 잡아먹는 공부법도 식별하라. 이러한 공부법을 분석하고 비교한 다음 효과성과 효율성을 토대로 순위를 정하라.

3단계 가장 효과적인 공부법 두 개를 골라라

순위가 매겨진 목록에서 꾸준히 최상의 결과를 만들어 내

---

[1] 25분 집중하고 5분 휴식을 취하는 시간 관리 기법.

는 두 가지 방법을 선택하라. 앞으로는 이 두 가지에 우선적으로 초점을 맞춰라. 지금 당장은 나머지 여덟 가지 공부법은 아예 없는 셈 치고, 이 둘에만 오롯이 집중하는 것이 중요하다. 이 두 가지 방법을 지속적으로 사용하면 학습 과정이 가속화되고 다른 공부법을 사용할 때보다 더 짧은 시간에 더 나은 결과를 얻을 수 있다.

읽기

책을 처음부터 끝까지 통독하기란 쉽지 않다. 일정이 빠듯하거나 읽을거리가 많을 때는 특히 그렇다. 이럴 때는 80:20 법칙을 적용하고 전략적인 접근법을 따라라. 책 읽는 시간을 최적화하는 동시에 책에서 가장 귀중한 통찰을 뽑아내는 것이 얼마든지 가능하다.

독서에 80:20 법칙을 어떻게 적용할 수 있을까? 책에 담긴 사실적 가치(factual value)의 80퍼센트는 내용의 20퍼센트에서 나온다.

짐작하겠지만, 모든 책에 이 법칙이 성립되는 것은 아니다.

소설을 적절히 '요약'할 방법은 없다. 영화의 처음 5분과 마지막 5분만 보아서는 핵심 메시지를 이해할 수 없는 것과 같은 이치다! 그러나 설명서와 교과서 같은 순전히 데이터에 기반하는 책에는 80:20 법칙이 아주 효과적이다.

우선순위를 정하고 훑어보라: 책의 결론이나 마지막 장부터 먼저 읽어 저자의 주요 논점이나 결론을 이해하라. 그런 다음 스키밍(skimming) 기법으로 마지막 장 전체를 빠르게 훑어 전반적인 메시지를 파악하라. 저자가 말하고자 하는 논점을 명확히 이해할 수 있다.

핵심 구절에 표시를 하라: 책을 읽으면서 주요 논점을 요약하거나 훌륭한 사례를 소개하는 핵심 구절에 형광펜이나 밑줄로 표시하라. 책의 전체적인 구조와 구성 체계를 파악해서 (목차가 도움이 될 수 있다) 내용을 개략적으로 이해하라. 이렇게 하면 중요한 정보를 파지(把持, retention)[2]하기가 용이하고, 나중에 언제든 쉽게 참조할 수 있다. 다시 읽을 때는 처음부터 끝까지 통독하는 대신에 표시된 부분만 집중해 읽으면 되므로 속도가 훨씬 빨라진다.

2   수용된 자극 메시지를 기억 속에 저장해서 유지하고 보유하는 과정.

선택적으로 읽어라: 결론을 읽고 마지막 장을 대충 훑은 다음에는 서론에 집중할 차례다. 서론에서는 저자의 의도와 그 의도에 따라 무슨 말을 하려는지 이해하라. 나머지 부분은 자신의 관심과 필요에 기반해서 선택적으로 골라 읽으면 된다. 증거를 찾거나 사례를 수집하는 것처럼 자신의 목적과 관련 있는 장만 선택해도 좋고, 독창적이고 흥미로운 내용을 포함하는 장을 읽어도 무방하다.

이러한 독서법은 시간을 절약하고 책에서 가장 가치 있는 부분에만 집중하도록 해 준다. 글을 읽기 전에 읽으려는 이유를 명확히 아는 것은 언제나 도움이 된다. 아울러 더욱 집중해서 숙독(focused reading)하도록 환기시키는 장치로 일련의 표적화된 질문(targeted question)[3]을 준비하라.

언어

언어를 배울 때 80:20 접근법을 적용하면 방대한 어휘를 사용하지 않고도 단시일에 중대한 개념을 효과적으로 소통하고 이

---

3 문제, 주제, 사안 등등을 이해했는지 확인하기 위해 신중하게 구성한 개방형 질문.

해할 수 있다. 예를 들어 어휘가 수십만 개인 언어도 가장 많이 사용되는 단어는 대략 20퍼센트 정도로 비교적 소수이다.

언어 학습에는 80:20 접근법을 어떻게 적용할 수 있을까? 매우 이례적이거나 일반적이지 않은 단어와 표현보다는 가장 널리 사용되는 엄선된 단어 목록에 먼저 초점을 맞추는 것도 하나의 방법이다. 또는 해당 언어를 사용하려는 특정 상황에 따라 방법을 달리해도 된다. 가령 업무적으로 사용할 목적이라면 "우표를 사고 싶어요" 같은 무작위 표현을 익히기보다는 업무 처리에 도움이 되는 문구에 의도적으로 초점을 맞춰 보자!

기억

80:20 법칙을 사용하면 가장 중요한 정보에 집중하게 되고, 이로써 학습이 강화되고 정보를 더 잘 기억한다. 기억의 맥락에서 80:20 법칙은 우리가 접하는 정보의 상당수가 사소하거나 무의미한 세부 사항인 반면, 이해와 파지에 핵심이 되는 정보는 훨씬 적다는 의미다. 중요한 이 핵심 정보를 식별해서 우선함으로써 자신의 기억 용량과 인지 자원(cognitive resource)을

최적화할 수 있다.

배울 필요가 있는 중대한 사실, 수치, 개념에 우선순위를 두어 가장 중요한 정보를 식별하라. 더 나아가, 이러한 소수의 사실을 관통하는 **통합 원칙**(unifying principle)**을 찾는다**면 금상첨화다. 예를 들어 역사를 공부할 때는 가장 중대한 사건, 영향력 있는 인물, 큰 의미가 있는 주요 날짜를 우선하는 식이다. 시각적 도구를 사용해 정보를 한곳에 모으는 것도 좋다. 정보가 여기저기 흩어진 여러 페이지보다 많은 데이터가 압축된 도표 하나를 기억하기가 훨씬 쉬운 법이다.

비결은 구조화에 있다. 정보를 여러 작은 묶음(chunk)으로 나누고, 이러한 정보 묶음을 니모닉(mnemonic),[4] 두문자어(acronym), 마인드맵(mind map) 등등 자신에게 맞는 방식으로 구조화하라. 가령 목록으로 만들어진 정보를 외울 때 각 정보를 시각적 이미지와 연상시키거나 모든 정보를 하나의 스토리로 연결시켜 마인드맵을 만들어라(이것은 나중에 자세히 알아보자). 이러한 시각화와 스토리텔링은 정보를 구조화된 방식으로 쉽게 기억하도록 해 준다.

---

4 연상 기호. 쉽게 기억하도록 도와주는 기법으로 특히 숫자의 나열처럼 직관적인 관계가 없어 외우기 어려운 정보에 다른 정보를 연결하여 쉽게 외우도록 하는 데 사용된다.

85퍼센트
법칙

파레토 원리에서 파생된 법칙과 규칙은 많다. 지금부터 살펴볼 법칙도 그중 하나이다. 이른바 85퍼센트 법칙이다. 이것은 학습 상황에서 **우리가 올바른 결과를 얻거나 성공하는 비율이 약 85퍼센트일 때 학습이 최적화된다**는 뜻이다. 처음에는 반직관적으로 들릴 수도 있다. 모름지기 학습 목표란 최대한 잘하는 것이어야 한다고 생각할 테니 말이다.

단언컨대 실패는 학습의 한 과정이다. 게다가 어떤 연구에 따르면, 15퍼센트 내외의 실패율이 이상적이라고 한다. 대략적인 이 추정치는 인간의 학습에 대한 연구와 기계 학습(機械學習, machine learning, 머신 러닝)에 대한 연구 모두에서 입증되었다. 특히 로버트 윌슨(Robert C. Wilson), 아미타이 셴하브(Amitai Shenhav), 마크 스트라치아(Mark Straccia), 조너선 코언(Jonathan D. Cohen)이 공동으로 발표한 최근 논문에서 보면, 다양한 학습 알고리즘은 학습 오류율(training error rate)이 약 15.87퍼센트일 때 학습 효과가 가장 좋다. 이를 뒤집어 생각하면, 훈련 정확도가 거의 85퍼센트일 때 학습이 최적화된다.

이 법칙의 논리적인 근거는 성공률이 100퍼센트라면 좋은 전략과 나쁜 전략 사이에 차이가 드러나지 않아 개선이 필요한 영역을 식별하기가 어렵다는 것이다. 반대로, 계속 실패해도 진짜 효과 있는 것을 포착하기가 쉽지 않을 수 있다. 흔히들 "연습하면 완벽해진다"라고 말한다. 그런데 잘못된 방식을 반복해서 연습하면 어떻게 될까? 실제로는 배우거나 발전하지 못한다. 아니, 잘못된 것을 자신에게 가르치는 거라 해도 틀리지 않는다. 따라서 더 나은 것은? "완벽하게 연습해야 완벽해진다."

우리는 성공과 실패를 통해 효과 있는 접근법과 효과 없는 접근법을 구분할 뿐 아니라 배우고 발전할 수 있다. 실패는 스승이다. 단, 실패 비율이 적정할 때만 그렇다. 너무 많이 실패하면 의욕이 꺾이고 뭐가 뭔지 헷갈리는 반면, 실패 횟수가 너무 적으면 아무것도 배우지 못한다.

쉬운 예를 들어 보자. 당신이 골프 스윙 연습에 매진한다. 보통은 똑같은 동작을 수차례 연습하고 스윙할 때마다 계속 수정하기 마련이다. 그런데 연습 스윙이 전부 완벽하다면… 그 동작은 계속 연습할 필요가 없다고 생각하기 십상이다. 그렇다면 당신은 **어째서** 완벽하게 스윙할 수 있었는지 알까? 아니. 그 기술을 다른 과제에 어떻게 적용할 수 있을지 알까? 이 또한 모른다.

반대로, 계속 연습하는데 10번의 스윙 중 8번이 완전히 '꽝'이라면 어떻게 될까? 좌절하고 짜증이 치미는 것은 당연하고 계속 연습해야 하는 이유에 의구심이 생기기 시작한다. 잘못된 스윙이 나오는 이유나 개선점을 명확히 이해하지 못하기 때문이다.

마지막으로, 8~9번은 거의 완벽하고 가끔 어쩌다 한 번씩 황당하게 스윙한다고 하자. 이럴 경우는 효과 있는 것과 효과 없는 것에 대해 훨씬 깊은 통찰을 얻는다. 요컨대 당신은 학습 지대(learning zone)[5]에 있다. 당신은 스윙이 뜻대로 안 될 때마다 이유가 무엇인지 **알** 수 있다. 폴로스루에서 허리가 너무 뻣뻣했다는 둥, 백스윙에서 오른팔이 뒤로 빠졌다는 둥. 이런 이유가 당신이 집중해야 하는 개선점이다.

자신의 진전을 실질적으로 방해하는 영역에 집중할 수 있을 때 학습이 최적화된다. 이런 사례에서는 결정적인 20퍼센트가 뻣뻣한 허리와 오른팔에 있다. 그렇지만 너무 많이 실패

---

5 새로운 기술, 지식, 경험을 통해 성장하고 발전하기 위해 필요한 도전을 시작하는 영역.

해도 너무 적게 실패해도 중요한 20퍼센트와 덜 중요한 80퍼센트를 구분하지 못한다. 성공률이나 실패율이 100퍼센트일 때는 허리와 팔 위치와 관련된 이러한 핵심적인 세부 사항이 진짜 차이를 만든다는 것을 알 도리가 없다.

한 번도 실패하지 않으면 **지루해지고 제자리에 정체**한다.

실패율이 50퍼센트를 넘기면 **불안감**이 엄습하고 **정신적으로 압도**되어 소위 멘탈이 나간다.

최적의
도전 수위를 찾아라

85퍼센트 법칙을 실패에 적용할 때는 80:20 법칙으로 생각해도 된다. **더 신속하고 효과적으로 학습할 수 있는 최적의 실패 수준은 얼마일까?**

이 개념을 직관적으로 이해할 수 있는 비유를 들어 보자. 비디오 게임 같은 작업을 생각해 보라. 알다시피, 이러한 작업은 처음에는 쉽다가 점점 난도가 높아질 필요가 있다. 또한 약간 도전적이어야지 모든 재미를 앗아갈 정도로 너무 어려우면

안 된다. 학습도 똑같다. 우리는 최적의 학습 환경을 제공하는 도전 수준을 찾아야 한다. 이름하여 도전의 스위트 스폿(sweet spot)이다.

85퍼센트 법칙으로 도전의 스위트 스폿을 찾기 전에 몇 가지 주의할 점이 있다. 이것은 수학 이론에 기반하는 모델이므로 85퍼센트는 절대적인 수치라기보다 휴리스틱(heuristic)[6], 즉 경험치일 뿐이다. 당연히 스위트 스폿은 우리가 '도전'을 어떻게 정의하는가에 달려 있다. 그리고 도전은 우리의 당면 과제와 성취하고 싶은 목표에 따라 달라진다. '실패'라고 다 같은 실패가 아니다. 외국어의 단어 하나를 이해하지 못하는 것과 헬리콥터 조종을 배우다가 일으키는 치명적인 추락 사고가 어찌 같겠는가. 낮과 밤만큼 다르다.

처음에는 자신감이 커지므로 비교적 작은 도전도 괜찮지만, 진전을 이룸에 따라 결국에는 최대 75퍼센트의 성공률이 적절할 수도 있다. 말인즉, 실패를 극복하는 회복탄력성(resilience)이 남들보다 높은 사람은 도전의 스위트 스폿이 85퍼센트보다 낮다. 또한 실패나 도전에 대한 내성(tolerance)은

---

6 시간, 정보 등이 충분하지 않아서 합리적으로 판단할 수 없거나 체계적이면서 합리적인 판단이 필요하지 않은 상황에서 사용되는 편의적인 의사결정 방법으로 발견법이라고도 한다.

우리가 획득하려는 기술만이 아니라 기분, 에너지 수준, 기대치, 편향, 환경 조건과도 관련이 있다. 마인드셋(mindset, 마음가짐, 사고방식), 자신감, 동기부여 모두는 우리가 실패한 시도를 어떻게 해석하는가에 영향을 미친다. 논리적으로 보면 실수에서 배울 수도 있다. 단, 실수를 대하는 적절한 마인드셋을 갖춘 사람에게만 해당된다. **마인드셋이 건강하지 못한 사람은 85퍼센트 법칙의 스위트 스폿에 도달해도 그것에서 실질적으로 배울 마음의 준비가 되어 있지 않다.**

그렇다면 85퍼센트 법칙을 정확히 어떻게 사용해야 할까?

이것 역시도 메타인지적 기술이다. 다시 말해, 우리는 실패하거나 성공하고 그런 다음 한 발 물러나 더 넓은 관점에서 성공과 실패의 양식을 탐구할 필요가 있다. 이렇게 하려면 자신의 상황을 정직하게 평가하고 정확히 인식해야 한다.

- 시도가 (시도를 어떻게 정의하든) 얼마나 자주 성공하는가?
- 얼마나 자주 실패하는가?
- 실패할 때 실패 이유를 정확히 아는가?
- 성공할 때 성공 이유를 정확히 아는가?

자신의 학습 과정을 명확히 알지 못하거나 매우 부정적인 감정(좌절감, 무기력, 지루함)이 든다면, 학습 과정에서 성공과 실패가 어떤 역할을 하는지에 대해 더 통찰이 필요하다는 징후로 생각하라.

당신은 도전 수준이 성공에 최적화되도록 학습 과정을 신중하게 구축해야 한다.

- **원하는 지원 수준을 엄밀하게 조정하라**: 문제나 과제를 연습할 때 성공률을 토대로 자신이 사용하는 지원의 양을 조정하라. 과제의 20퍼센트 이상을 제대로 못하는 경우는 도움이나 자원을 추가로 받는 것이 좋다. 반면에 거의 모든 과제를 올바르게 해낸다면, 난도를 높여 도전해 보라. 어떠한 외부 지원 없이 스스로 무언가를 해 보는 것도 하나의 방법이다.
- **난이도가 적절한 과제를 찾아라**: 매번 성공한다는 것은 새로운 무언가를 배울 만큼 난도가 높지 않다고 봐도 틀리지 않다. 한 단계 높은 난도를 찾아내 실패율이 최소 15퍼센트가 되도록 만들어라. 이것이 당신의 학습 지대이다. 반대로, 너무 자주 실패해도 난도가 너무 높아 배우지 못한다. 이럴 때는 과제를 난이도에 따라 분류하고, 대략 85퍼센트의 비율로 성공할 자신이 있는 과제를

시도하라. 성공률이 약 85퍼센트일 때 적정한 도전 수준과 학습과 성장까지 세 마리 토끼를 다 잡을 수 있다.

- **크기와 종류가 알맞은 과제를 찾아라:** 때로는 과제 자체가 쉽거나 어려운 것이 아니라 각 과제가 제시되는 방식 때문에 난이도가 달라진다. 지나치게 어려운 과제는 소화할 수 있는 여러 작은 단위로 쪼개라. 역으로, 너무 쉽다면 '큰 관점에서 바라보고' 동일한 과제이되 더 크거나 더 길거나 더 복잡한 버전으로 작업하라. 이뿐만 아니라 형식을 바꿔 학습 난이도를 자신에게 맞출 수도 있다. 책이나 강사를 바꿔서 또는 새로운 플랫폼이나 학습 양상(modality)을 시도해서 도전 수준을 조정하라.

- **성공을 적절히 정의하라:** 성공은 당면 과제가 무엇이냐에 따라 정의가 달라진다. 자신의 학습 상황에서 성공과 실패의 구체적인 기준을 생각해 보라. 외국어를 배운다면, 일정 비율의 단어를 이해하거나 간단한 의사소통 여부가 성공을 가늠하는 척도가 될 수 있다. 시간과 노력을 투자하는 과제나 기술마다 자신만의 성공 기준을 정의하라. 도전 수준을 높이고 싶을 때는 더욱 엄격하고 까다로운 기준을 적용하라. 도전의 수위를 낮추고 싶을 때는 정확히 반대로 하고, 성공의 의미도 더 포괄적이고 폭넓게 정의하라.

실패를 대하는
이상적인 자세

가장 효과적으로 학습하기 위해서는 도전의 스위트 스폿을 찾는 것이 관건이지만, 이게 다가 아니다. 실패를 바라보는 전반적인 마인드셋도 바꿔야 한다. 여기에는 명백한 이유가 있다. 삶은 실패로 가득하다!

실패에 대처하고 극복하는 능력을 개발하는 동안 역경과 장애물 앞에서도 회복탄력성을 유지할 수 있는 정서적 기술도 배우게 된다. 학창 시절 줄곧 성공의 꽃길만 걸은 '엄친아/엄친딸'은 한 가지를 배우지 **못했으므로** 실제로는 성공하지 못한 것이라는 옛말이 있다. 바로 실패를 효과적으로 다루는 방법이다. 그들도 살다 보면 실패할 수밖에 없지만 이런 상황에 준비가 되어 있지 않다. 다시 말해 감정적으로 무방비 상태다.

도전 수준을 최적화하고자 학습 여정을 수정할 때 명심할 것이 있다. 각 실패의 참된 의미가 무엇인지 스스로 알아내라. 무언가가 계획대로 되지 않을 때, 혼란스럽거나 혹은 시도가 실패할 때, 잠시 멈추고 정확히 무슨 일이 벌어지고 있는지 점검하라.

- 내가 진짜로 실패했을까?

- 정말로 실패했다면 이유가 무엇일까?

- 다음번에는 무엇을 더 잘할 수 있을까?

- 잘 모를 때는 누구에게 물어볼 수 있을까?

- 결정적인 정보가 없을 때 그 정보를 어디서 찾고 어떻게 얻을 수 있을까?

- 저번 시도에서 옳았거나 유용한 것이 있었을까?

- 이제까지 한 일 중에 어떤 것을 성공했을까? 그것을 다시 할 수 있을까?

스스로에게 이러한 질문을 하지 않고 무작정 앞으로 나가 봐야 아무 소용 없다. 쳇바퀴처럼 정확히 똑같은 실수를 되풀이할 뿐이다. 부정적인 자기 대화를 많이 하는가? 짜증이나 자괴감이 드는가? 스스로를 판단(self-judgment)하는가? 이럴 때는 다른 도리가 없다. 이 모든 것에 에너지를 낭비하지 말고, 대신에 호기심을 가지라고 스스로에게 말하라.

당신은 실패한다.

"나는 바보 멍청이야. 내가 그걸 다 망쳤어"라고 말하는 내면의 목소리가 들린다.

당신은 잠시 멈추고, 부정적인 이 자기 대화를 곰곰이 따져 본 다음 무시하기로 마음을 정한다. 그리고 스스로에게 상기시킨다. "맞아, 저번에는 그것을 제대로 못했어. 지금은 배우는 중이니 당연한 거야. 그건 그렇다 치고, 도대체 뭐가 잘못된 걸까? 무엇이 문제인지 어떻게 알지? 내가 무엇을 더 잘할 수 있을지는 또 어떻게 알고? 이 두 가지를 정확히 알아낼 방법을 고민해 보자."

다음번 시도에서 당신은 성공한다.

"아하! 그래, 바로 **그게** 문제였어. 좋아. 그 실수를 해서 정말 다행이지 뭐야. 실수를 안 했으면 그걸 배우지 못했을 거잖아."

이런 식으로 당신은 여러 종류의 기술을 한꺼번에 배운다. 당면한 과제를 배우고 어떻게 학습하는지도 배운다. 이뿐만 아니라 그 학습과 관련 있는 감정적인 경험을 관리하는 방법도 배운다. 결국에는 이러한 비법 재료가 한데 어우러져서 당신은 집중력과 효과성 그리고 회복탄력성까지 다 거머쥔다.

기술을 배우는
지름길

80:20 법칙은 무언가를 숙달하거나 새로운 기술을 획득할 필요가 있는 어떤 상황에도 적용할 수 있다. 편의상, 그 기술을 습득하는 과정이 일련의 과제나 행동으로 구성된다고 상상하고 80:20 법칙을 적용해 보라. 정말 중요한 과제나 행동은 20퍼센트 정도이고, 나머지는 별로 중요하지 않다. 이렇게 볼 때 결론은 자명하다. 가능한 한 신속하게 그 기술을 정복하는 지름길은 그 중요한 20퍼센트에 집중하는 것이다.

20퍼센트의 마법이 약간 당연하게 생각될 수도 있겠지만, 이쯤에서 이것의 작동 원리를 명확히 짚고 넘어가자. 20퍼센트에 집중하는 동안 우리는 관련 없는 모든 세부적인 것에는 일부러 주의를 기울이지 않는다. 이렇게 하지 않으면 그 80퍼센트가 우리의 주의를 분산시키고 탈선시킬 위험이 있다. 장기적으로 볼 때 **우리가 하는 일이 우리가 하지 않겠다고 의식적으로 선택한 일만큼이나 중요할 수도 있다.** 달리 말해, 우리는 큰 그림을 보는 눈이 생긴다. 크게 생각하며 큰 것을 확실하게 해결할 때 세부적인 것은 어떤 식으로든 저절로 해결되는 경향이 있다.

2013년 미국에서 방송된 TV 프로그램 〈팀 페리스와의 실험(The Tim Ferriss Experiment)〉에서 팀 페리스[7]는 단 1주일 안에 새로운 기술 배우기에 도전했다. 페리스는 단순히 기술을 배우는 것에서 한술 더 떴다. 대부분의 사람이 최소 1년 이상 걸리는 수준까지 기술을 습득하는 것이 목표였다. 페리스는 서핑, 파쿠르(parkour), 드럼 연주, 주짓수 같은 과제에 도전해 목표를 달성했다. 그의 성공 비결이 다름 아닌 80:20 법칙이었다.

여기서 궁금증 하나, 페리스는 80:20 법칙을 혼자 힘으로 적용했을까? 아니면 일종의 견인 장치가 있었을까? 페리스가 각 기술에서 가장 중요한 20퍼센트에만 오롯이 집중하자면 그 20퍼센트를 정확히 알아내는 것이 관건이었다. 이를 위해 페리스는 기술마다 정통한 전문가의 도움을 받았다. 당연히 현실에서는 이 20퍼센트를 식별하기가 언제나 쉬운 것은 아니다. 그럼에도 불구하고 이 접근법은 우리가 제한적인 시간과 자원을 잘 활용하는 비법 하나를 알려 준다. 자신이 직접 '바퀴를 재발명'하며 시간과 자원을 낭비하지 마라. 즉 이미 있

[7] 미국의 성공적인 작가이자 투자자이며 팟캐스터.

는 것을 다시 만드느라 헛수고 마라. 대신에 가능한 최고의 전문가를 찾아내서 그들의 지식을 발판으로 삼아 시작하라.

숙달하고자 하는 기술이나 과제가 무엇이든, 그 기술이나 과제의 핵심을 알아내는 것이 첫 걸음이다.

마라톤에 도전한다고 해 보자. 당신은 훈련 때마다 얼마나 연습하는가가 가장 큰 차이를 만드는 단일 요소라는 것을 깨달았다. 운동화, 속도, 달리기 주법, 훈련 일정 등등 이 모든 것은 실제 달리기 연습량**만큼** 중요하지 않다. 이게 핵심이다. 고로 당신은 달리기 연습량에 관심을 집중해야 한다. 대신에, 사소한 세부 사항에 대한 의문이나 혼란이 ("발 착지가 틀렸을까? 보양식을 먹어야 할까? 운동복을 바꿔야 할까?") 달리기 연습에 방해가 되어서는 안 된다. 절대로.

이번에는 외국어 회화를 배우는 경우를 살펴보자. 당신은 그 언어를 숙달하고 구사하는 능력에 원어민과 자주 자연스럽게 대화하는 연습이 가장 큰 영향을 미친다고 생각한다. 이 방법 하나만으로 목표의 80퍼센트는 따 놓은 당상이다. 이것은 최단기간에 최대한의 변화를 만들기 위해 어떻게 해야 하는지 알려 준다. 그 언어를 사용하는 나라로 가서 한 달 살기처럼 일정 기간 오직 그 언어로만 대화하라. 이것이 약간 무서울 수도 있고 실수를 남발할 것도 빤하다. 하지만 쉬운 언어 학습 앱으로 집에서 1주일에 15분간 공부하는 것에 비하면 학습 곡선은 하늘과 땅 차이다.

스탠드업 코미디 실력을 키우고 싶은 사람도 80:20 법칙을 사용할 수 있다. 하루라도 빨리 배우고 싶다면 이런 식으로 생각해 보자. 최정상급 코미디언들은 비밀 병기가 무엇일까? 당신은 톡톡 튀는 개인기로 시선을 사로잡는 코미디언을 사람들이 가장 잘 기억한다는 결론을 얻는다. 즉 그들은 자신만의 차별화된 '필살기'를 가지고 있다. 이에 당신은 본인이 특출나게 잘하는 것을 찾아내서 그것에 집중하기로 한다. 자신이 아닌 다른 사람이 되는 것보다 시간과 노력을 훨씬 줄일 수 있다는 판단에서다. 당신은 한두 가지 핵심 코미디 기술을 식별해 전력을 쏟고 잘 못하는 기술에는 눈을 감아버린다. 요컨대 누구도 당신만큼 잘할 수 없는 20퍼센트의 코미디 기술을 찾아 더 발전시키고 나머지 80퍼센트는 포기한다.

마지막으로, 수습 심리 치료사/상담사를 예로 들어보자. 이들은 심리 치료/상담의 성공 여부를 예측할 수 있는 가장 큰 요소 중 하나가 치료/상담 기법도 자격증도 총 수련 시간도 아니라는 말을 자주 듣는다. 오히려 치료사/상담사와 내담자 사이의 진정한 라포르(rapport)와 연결감이 최대 성공 변수의 하나라고 배운다. 이로써 심리 치료사/상담사의 경력을 시작할 때 그들이 가장 먼저 해야 하는 일이 정해진다. 어떤 내담자와도 좋은 라포르를 형성할 수 있는 기술을 갖추어라. 이것은 그들이 가진 전체 기술 중에서 20퍼센트에 불과하지만, 전반적인 성공에 막대한 영향을 미친다.

경고-반칙하지 마라!

물론 라포르를 형성하는 방법 외에 다른 어떤 기술도 없다면 치료사는 이내 벽에 부딪힐 것이다! 매일 죽도록 달리기만 연습해도, 자신의 특기 외에 스탠드업 코미디의 기본적인 루틴을 배우지 않아도, 결과는 마찬가지다. 이것만으로는 충분하지 않다. 그래도 이것이 좋은 출발점인 것은 틀림없다!

비결은 지름길을 찾되, 시간과 노력에 인색하지도 스스로를 속이지도 않는 것이다. 80:20 법칙을 사용하는 이유는 목적을 달성하게 해 주는 행동과 과제를 식별하고 이것들에 집중하기 위해서여야 한다. 적게 노력하려 꼼수를 쓰는 것도 속임수를 쓰는 것도 진정한 노력이나 학습에 따르는 불편함을 피하는 것도 목표가 되어서는 안 된다. 우리의 시간과 자원은 제한적이다. 이런 점에서 80:20 법칙은 우선순위를 결정해 제한적인 자원을 어떻게 사용할지 계획하는 것과 관련 있다. 그러나 삶의 거의 모든 영역에서 80퍼센트가 덜 중요한 것이지 전혀 중요하지 않은 것은 아니다. 또한 언젠가는 그 80퍼센트도 다뤄야 하는 시기가 오기 마련이다. 이제 결론을 내 보자. 80:20 법칙은 누가 어떤 상황에서 사용하면 좋을까?

정해진 시한이 있거나 시간이 촉박하다: 신속하게 직무 역량을 향상시킬 필요가 있을 때, 생사가 걸린 수술을 앞두고 초고속으로 살을 빼야 할 때, 자신이 통제할 수 없지만 충족시켜야 하는 외부적인 요구가 있을 때, 80:20 법칙이 효과적이다.

일을 미루는 버릇이 있다: 새로운 과제를 시작하자마자 가장 중요한 20퍼센트에 집중한다면, 긍정의 도미노 효과가 기다린다. 먼저, 즉각적인 피드백은 당연하고 어느 정도 긍정적인 결과까지 기대할 수 있다. 이는 자신감을 높여 주고 추진력을 발생시켜 새로운 목표를 포기할 명분이나 변명이 끼어들 여지가 없다!

도전과 경쟁이 성장의 원동력이다: 이런 사람은 자신의 성격을 지렛대로 활용하는 것이 좋다는 것을 안다. 아울러 자신이 약간의 압박과 스트레스가 있을 때 일을 더 잘한다는 것도 이미 안다.

큰 변화를 만들고 있다: 가끔은 삶이 우리에게 과감하게 행동하도록 요구한다. 크게 도약하고 싶은 사람에게는 느리고 안정적인 접근법이 효과가 없을 가능성이 크다. 호랑이를 잡으려면 호랑이 굴에 들어가라는 속담을 기억하라. 커다란 변화를 원할 때 정면승부를 펼치고 완전한 변신을 수용하겠다는 열의가 더 강해진다면, 이런 시도 자체가 활력의 원천이자 영감의 보고가 된다.

반면에, 기술을 신속하게 습득하려는 목적으로는 80:20 법칙을 사용하지 **않는 것**이 더 바람직한 경우도 분명 있다.

노력을 피하고 싶다: 다시 말하지만, 인생에 지름길이란 없다. 80:20 법칙을 사용하면 효율성이 높아질 수 있다. 또한 실질적인 가치가 없는 과제를 피하는 데도 확실히 도움이 된다. 그렇지만 이러한 과제가 정말로 가치가 없어야 한다는 점을

명심하라. 가능한 빨리 배우고자 노력하는 것과 학습 과정을 완전히 피하려는 것에는 엄청난 차이가 있다. 자신에게 솔직해져라!

숙달로 가는 지름길

1단계 명확한 목표를 수립하라

목표를 수립하는 이 단계에서는 손에 잡힐 것처럼 투명하고 분명해야 한다. 자신이 원하는 목표가 무엇이고, 성공이 어떤 모습이며, 성공할 때 그것을 어떻게 측정할지 정확히 알아야 한다. 목표는 반드시 현실적이어야 하고 진짜 세상에 뿌리를 두어야 한다. 일단 기술을 습득하고 나면, 이것으로 무엇을 하고 싶은지에 대한 명확한 비전을 세워라. 비전은 목표를 향한 여정에서 길을 잃지 않고 목적지에 더 쉽게 도달하게 해 주는 등대와 같다.

2단계 하위 기술을 식별하라

과제를 하나씩 정복할 수 있는 여러 하위 기술(sub-skill)로

쪼개라. 옷 만들기를 배운다면 재봉틀 사용법, 패턴 재단법, 손
바느질 등등 필요한 기술 모두를 간략하되 명확히 요약한 목
록을 만들어라. (80:20 법칙을 번외로 연습하는 셈 치고, 이 기술 목록에
서 정말로 중요한 20퍼센트를 식별할 수 있는지 시험해 보라. 그리고 그 20퍼
센트부터 시작하라!)

3단계 도전에 미리 대비하라

목표를 향한 본격적인 여정을 시작하기에 앞서, 할 일이 있
다. 상황을 어렵게 만들 잠재적인 걸림돌과 장애물을 알아내
서 이것을 극복하는 데 도움이 되는 조치를 취하라. 예를 들어
전념하기 힘들고 쉽게 동기 부여가 되지 않는 사람은 책임 파
트너(accountability buddy)[8]를 찾아 반드시 1주일에 두 번 연락해
달라고 도움을 요청하라.

4단계 하위 기술을 다시 합쳐라

가령 기타의 음계, 손 위치 등등 몇몇 기법을 별도로 연습
해 숙달했다면, 이제는 가능한 빨리 모두를 다시 합쳐야 한다.
이러한 기술을 전부 써야 하는 짧은 노래와 악곡을 연습하고,

8　누군가가 일을 제대로 하는지 정기적으로 확인해 주는 사람.

모든 **기술**이 매끄럽게 연결될 때까지 계속 연습하라. 그런 다음 더 긴 노래에 도전하는 식으로 이 과정을 되풀이하라.

팀 페리스는 자신이 만든 4단계 학습 모델 DiSSS로 정확히 이렇게 했다. 기타 시나리오를 통해 자세히 알아보자.

- **해체**(Deconstruction): 기타 연주 기술은 코드 잡는 법, 스트로크 주법, 코드 바꾸기, 음표 이해하기 등등 여러 하위 기술로 해체할 수 있다.
- **선택**(Selection): 이 단계에서는 결정적인 20퍼센트를 선택한다. 기본 코드 숙달, 리듬 스트로크 배우기, 손가락 민첩성 키우기 같은 바람직한 결과의 80퍼센트 이상을 발생시키는 가장 중요한 하위 기술을 식별하라. 가능하다면, 진짜 전문가의 조언을 귀담아 들어 이 선택 단계를 제대로 하는 것이 가장 좋다. 그들 전문가는 그 기술을 배울 때 가장 핵심적인 부분이 무엇이라고 생각할까?
- **순서 정하기**(Sequencing): 필수적인 하위 기술들을 식별하고 나면, 각 기술을 배우는 순서를 정할 차례다. 먼저 기본 코드를 완벽히 익히는 것에 집중하고, 그런 다음 더욱 복잡한 코드 진행(chord progression), 음계, 멜로디 연주 순으로 옮겨 가면 된다.

- **말뚝**(Stakes): 말뚝 세우기는 당면 과제에 전념하고 동기가 부여되도록 실질적인 결과(consequence)나 유인책을 만드는 것이 포함된다. 쉽게 말해 스스로에게 채찍이나 당근을 제시하라. 기타를 배우는 경우, 규칙적인 연습 시간을 정해도 되고, 밴드나 악단에 가입하면 자신의 역할에 책임을 져야 하므로 이것도 좋은 방법이다. 심지어 사람들 앞에서 연주하기로 약속하는 것도 효과적일 수 있다. 이러한 모든 채찍과 당근은 연주 실력을 향상시키도록 압박을 가하고 동기를 유발한다.

DiSS 학습 모델은 전통적인 학습 기법들과 크게 다르지 않다. 하지만 앞서의 네 단계를 **어떻게** 실천하는가는 엄청난 차이를 가져온다. 쓸모없는 것만 배우며 막대한 에너지를 낭비하고 동기가 고갈되어 정말로 중요한 것을 배울 기회를 날려 버리는 사람이 너무 많다.

기타 시나리오를 다시 소환해 보자. 당신은 진심으로 기타를 배우고 싶지만 중요한 20퍼센트를 잘못 식별할 수도 있다. 멋있어 보인다는 이유로 고가의 기타를 구입하고, 어떤 자세로 연주할지 고민하고, 자신의 실력에 비해 너무 어려운 곡을 선택하는 식이다. 이렇게 잘못 식별한 20퍼센트를 한 번에 몰아서 반복하면 똑같은 실수를 계속 되풀이하다 결국 좌절한다 (더욱이 이러한 실수가 몸에 배어 습관이 된다). 부적절한 마인드셋, 모호한 목표, 유인 효과가 낮은 당근과 채찍, 이 세 가지가 합쳐지면 다음 단계는 빠르다. 포기한다.

다시 말하지만, 모든 학습이 똑같이 이뤄지는 것이 아니다. 시간을 투자한다고 꼭 학습한다는 뜻이 아니고, **배우더라도 최적으로 학습한다는 뜻이 아니다. 자신의 시간과 에너지와 동기를 투자라고 생각하라. 최고의 수익을 올리기 위해 어디에 투자하겠는가?**

효율성과 목표

이제는 목표 설정에 80:20 법칙을 어떻게 적용할 수 있는지 알아보자.

10개 항목으로 구성된 목록에 파레토 법칙을 적용하면, 두어 개가 나머지를 합친 것보다 가치가 훨씬 크다고 생각해도 무방하다. 따라서 가장 가치 있고 중요한 20퍼센트 과제에 집중하는 것이 타당하다. 하지만 많은 사람은 이러한 과제는 뒷전으로 미뤄 놓은 채, 성공과는 거의 무관한 덜 중요한 과제들에 집중하는 경향이 있다. 이것에 대해 생각해 보라. 맞다, 핵심적인 소수보다 사소한 다수를 우선하는 것은 일종의 지연이다.

영국의 해군 역사학자 시릴 노스코트 파킨슨(Cyrill Northcote Parkinson)은 1955년 경제 전문지 〈이코노미스트(The Economist)〉에 기고한 에세이에서, 영국 해군 산하 식민부(Colonial Office)가 당시 군함 수가 감소하는 와중에도 규모를 어떻게 확장하고 있는지 꼬집었다. 파킨슨은 **형태를 불문하고 모든 관료제가 언제나 할당된 기간을 채우기 위해 확장하는 경향이 있다**고 진단했다. 이른바 파킨슨 법칙이다. 근본적으로 말해, 파킨슨이 관찰한 이것은 복잡한 계층 구조로 이뤄진 모든 대규모 조직에서 많은 사람이 일상적으로 경험하는 것이다.

하지만 파킨슨 법칙이 복잡한 대규모 조직에만 적용되는 것은 아니다. 평범한 보통 사람의 삶에서도 이 법칙이 나타날 수 있다. 이를 간단한 사례로 알아보자. 은퇴한 어떤 노부인이 있다. 어느 화요일, 노부인은 엽서 한 장을 부치는 것 말고 딱히 할 일이 없다. 엽서를 부치는 것은 사소하고 작은 일이지만 노부인은 어떻게든 그 일을 최대한 늘린다. 우체국에 가면서 가장 먼 길로 돌아가고, 꼬박 10분을 들여 우표를 고르고 한 글자 한 글자 손으로 꾹꾹 눌러 주소를 쓴다(중간에 잠깐 쉬기도 한다). 이뿐이랴. 창구 직원과 가능한 오래 수다를 떤 뒤에야 느릿느릿 소액 동전으로 지불한다. 노부인은 왔던 길로 귀가하고 집에 도착하니 이미 시계는 오후 2시를 가리킨다. 때마침 이웃이 급한 부탁을 한다. 그러자 노부인은 오전에 너무 바빴다며 푸념을 늘어놓고 그래서 도와줄 시간이 없노라 앓는 소리를 한다!

이 사례가 과장된 이야기일지언정 어느 정도의 진실은 담겨 있다. 누구나 원한다면 작은 과제도 큰 과제처럼 보이게 꾀를 낼 수 있다. 이러한 과제는 팽창하고, 만약 자신이 의도적으로 제동을 걸지 않는다면 계속 팽창할 것이다. 우리가 '쓸데없이 바쁜' 이 '일'을 하는 이유는 다양하다. 때로는 고용주를 속이려 이런 얕은수를 쓰고, 순전히 무언가를 서둘러 해야 할 이유가 없어서 이렇게 하기도 한다. 하지만 반나절 겨우 엽서 한 장 부치는 일이 전부이면서 자신이 효율적이라고 자기 최면을 걸며 스스로를 속인다면, 이는 심각한 문제다.

"더 열심히 하라가 아니라 더 똑똑하게 일하라"는 말이 있다. 그러나 이 문제에 관한 한, 똑똑하게 일하는 것은 정답이 아니다. 오히려 똑똑하게 일하는 것이 우리가 **무엇**에 열중하는 가에 따라 달라진다는 것을 주목해야 한다. 앞선 사례에서 노부인은 "시간이 없다"고 말하지만, 이 말에는 일말의 진실도 없다. 노부인이 꼭 필요하지 않은 일에 이미 시간을 써 버렸고, 그래서 더 가치 있는 무언가에 쓸 남은 시간이 없다는 것이 진실이다.

이런 경우는 매우 흔하다. 가령 어떤 프로젝트를 수행하면서 '리서치'에 아주 많은 시간을 투자한다. 그러다가 갑자기 발등에 불이 떨어진다. 보고서를 작성해야지 **생각만** 할 것이 아니라 실제로 작성했어야 한다는 것을 너무 늦게 깨달았고 이제 시간이 촉박하기 때문이다. 또 다른 예로, 목표를 달성하기 위한 세부적인 과제들에 오랫동안 공을 들인다. 그러나 반쯤 진척되었을 때, 전체적인 목표가 별로 적절하지 않으며 전혀 다른 길을 선택했어야 했다는 사실을 뒤늦게 알게 된다.

효율적이지 않은 일에 최대한의 효율성을 발휘하는 함정에 빠지지 않도록 주의하라. 이 함정은 앞선 노부인 사례로 설명해 보자. 노부인이 진짜로 시간을 절약하는 방법 하나는 엽서 생각은 머릿속에서 지워 버리고 이메일을 쓰는 것이다! 그런데 노부인이 하루를 효율적으로 사용하고자 약간 빨리 우체국 가는 길을 찾거나 우표를 1분 빨리 선택하려고 노력한다면, 이것은 효율성의 덫에 빠진 것과 비슷하다. 효율성의 덫은 다양하다. 예컨대 어떤 프로젝트를 위해 오후 시간을 꼬박 바쳐 색상별 문서 정리 시스템을 만들었다. 그런데 이번 프로젝트는 효율적이건 말건 이러한 시스템이 필요하지 않다. 없는 시간을 억지로 짜내 어떤 일을 하려고 꼭두새벽에 일어났는데, 사실은 애초에 하지 않아도 되는 일이었다. 목표를 명확히 식별해서 이것을 달성하느라 시쳇말로 영혼을 갈아 넣었는데, 나중에서야 이 목표가 자신에게 아무 도움도 안 된다는 현실을 깨닫는다.

효율성의 함정에서도 문제는 **어떤** 행동이든 아무 행동도 하지 않는 것보다 낫다고 생각하는 것이다. 효율성은 얼마나 많은 일을 하는가와는 거의 관련이 없다. 일이 얼마나 목표 지향적이고 전략적이며 얼마나 집중해서 일하는가가 효율성의 전부다. 이를 위해서는 두 가지가 필요하다. 명확한 목표 그리고 이 목표에 가차 없이 전념할 수 있는 능력이다.

효율성에 유익한 경험의 법칙이 있다. 자신에게 지속적으로 자문하는 습관을 들여라. **지금 하는 이 일이 내 목표에 더 가**

까워지게 해 줄까?

목표가 하루 만보 걷기라고 하자. 이 목표를 염두에 두고 다음의 활동을 살펴보라.

- 만보계 구입
- 운동용품에 투자
- 자존감 높이기
- 산책
- 걷기의 건강 증진 효과에 관한 책 읽기

이런 활동 중에서 매일 더 많이 걷는 데 실제로 도움 되는 것은 무엇일까? 네 번째 활동인 산책이다. 물론 나머지 모든 활동도 전반적인 목표를 달성하는 데에 **간접적으로** 기여하는 좋은 아이디어라고 생각할 수 있다. 또한 이렇게 생각하는 타당한 많은 이유가 있을지 모르겠다. 그렇더라도 딱 하나만 골라야 한다면 선택의 여지가 없다고 본다. 산책은 당신이 설정한 목표와 직접적이고 확실하게 연결되는 **유일한** 활동이다.

나머지 활동도 모두 분명 나름의 가치가 있다. 그렇지만 가장 중요한 활동을 하는 **대신에** 그러한 활동을 하는 것은 조심

해야 한다. 그러한 활동은 어디까지나 **보조**로서 중요한 활동을 더 쉽게 하도록 해 줄 때만 가치가 있음을 잊지 마라. 가령 만보계를 사는 것은 좋은 아이디어이지만 실제로 걷는 것과 똑같을 수는 없다. 바깥으로 나가 두 발을 번갈아 옮길 때까지는 목표에 조금도 가까워지지 못한다.

주요 목표 하나를 선택하고, 이것을 최우선시하며 매일 이 목표를 이루기 위해 꾸준히 노력하라. 이 규칙을 따른다면 성공 **안 하는 것이 이상하다!**

'효율'은 무엇이 중요한지 안다는 뜻이다

오늘날에는 너나없이 더욱 생산적인 사람이 되고 싶어 한다. 그렇다면 우리는 과연 **무엇**에 더욱 생산적이어야 할까? 자신의 노력을 측정할 지표나 기준이 없는 상태에서는 효율에 대해 말해 봐야 뜬구름 잡는 소리일 뿐이다. 우리는 명확한 목표가 필요하고 자신이 취하는 행동 각각이 그 목표와 어떻게 관련 있는지도 정확히 알아야 한다.

이것은 당연히 기본 아니냐고? 어떤 과제가 더 중요한지 자연스럽게 알게 될 거라고? 이렇게 생각한다면 오산이다. 세상은 우리가 의도하든 아니든 집중력을 흩뜨리고 주의를 분산시키는 것으로 가득하다. 게다가 (종종 더 도전적인) 20퍼센트의 과제보다 덜 중요한 80퍼센트를 우선시하고 싶은 유혹도 떨치기 힘들다.

결과에 큰 영향력을 미치는 과제를 식별해서 최상의 결과를 달성하고 싶다면, 다음의 네 단계 로드맵을 따라라.

목표를 식별하라

이제는 SMART 목표의 가치를 잘 알 거라고 본다. SMART 목표란 다음과 같다.

- **구체적이고**(Specific)
- **측정 가능하고**(Measurable)
- **달성 가능하고**(Achievable)
- **관련 있고**(Relevant)
- **기한이 정해진 것**(Time-bound)

진실로 유의미한 목표를 구성하는 요소는 이보다 더 많다. 자신이 **정말로** 원하는 목표인가—아니면 다른 누군가의 목표인가? 달성할 때까지 이것에 최우선적으로 집중할 의지가 있는가? 이 목표를 왜 원하는가? 이 목표를 달성하고 나면 무엇을 하고 있을까? 원하는 것을 획득하기 위해 이 목표보다 더 나은 방법이 있을까? 잠재적인 방해물은 무엇일까? 이것에 대해 자신이 할 수 있는 조치를 이미 취했는가?

과제를 범주화하라

식별한 목표를 달성하기 위해 하루 또는 한 주 동안에 완수해야 한다고 생각하는 모든 과제를 목록으로 만들어라. 시간과 노력이 필요할 거라고 예상하는 **모든 것**을 포함시켜라.

이러한 과제를 중요한 것과 중요하지 않은 것, 다른 말로 반드시 해야 하는 것과 하면 좋은 것, 이렇게 두 범주로 나누어라. 어느 과제에 우선적으로 집중하고 관심을 기울일지 결정하기가 한결 수월해진다. 이 단계에서 알고 싶은 것은 우선순위의 활동이 이전 단계에서 식별한 목표를 달성하는 데 직접적으로 기여하는지 여부이다.

가령 코딩을 배우고 싶다면 다음과 같은 목록 두 개를 만들 수 있다.

중요한 것:

- 입사 지원에 대비한 코딩 테스트 완성
- 프로젝트에 필요한 새로운 프로그래밍 언어 공부
- 포트폴리오에 포함시킬 코딩 프로젝트 수행

중요하지 않은 것:

- 여가 시간에 코딩 관련 기사 읽기
- 현재의 학습 목표와 관련 없는 코딩 튜토리얼 동영상 시청

이 목록을 작성하는 과정에서 일부 과제는 더 세부적으로 쪼개고 다시 분류할 필요가 있음을 깨달을지도 모르겠다. 예를 들어 '프로젝트에 필요한 새로운 프로그래밍 언어 공부'를 시작한다면 정확히 무엇을 하고 싶은가? 온라인 강좌로 실전 문제 풀기, 2001년 이후 발표된 학술 논문 한 편 읽기, 20분간 구글에서 "파이썬(Python)을 배우는 데 얼마나 걸릴까?" 검색하기. 이렇게 세 가지 하위 과제를 식별할 수도 있다. 그런 다음 첫 번째 과제가 중요하고 뒤의 두 과제는 별로 중요하지 않다

고 결정한다. 마지막으로, 이러한 사실을 반영해 목록을 수정하면 된다.

중요도를 고려해 순위를 정하라

세 번째 단계에서는, 앞서 작성한 목록을 살펴보고 꼭 필요하지 않은 과제가 있는지 결정해야 한다. 목표 하나에만 시간과 에너지를 오롯이 집중할 때 이 목표를 달성할 가능성이 높아진다는 것을 명심하라. 따라서 중요할 수도 있지만… 지금당장 중요하지 않은 것에는 무자비해져라. 이러한 과제는 누군가에게 위임하거나 완전히 포기하라.

이제, 남은 과제 각각은 당신의 목표와 관련 있는 중요도와 시급성을 토대로 순위를 정하라. 1~10점 척도를 사용하고 가장 중요한 과제에 10점을 부여하라. 이 기법을 통해 각 과제의 중대성을 객관적으로 평가할 뿐 아니라 중대성을 토대로 서열화할 수 있다.

사례:

- 입사 지원에 대비한 코딩 테스트 완성(10점)
- 프로젝트에 필요한 새로운 프로그래밍 언어 공부(9점)

- 포트폴리오에 포함시킬 코딩 프로젝트 수행(8점)

- 온라인 강좌를 통해 실전 문제 풀기(7점)

- 여가 시간에 코딩 관련 기사 읽기(3점)

- 현재 학습 목표와 관련 없는 코딩 튜토리얼 동영상 시청(2점)

영향력을 토대로 순위를 정하라

장기적인 목표에 가장 중대한 영향을 미치고 가장 가치 있는 '20퍼센트' 과제들에 집중하라. 이것은 말처럼 쉬운 일이 아닐지 모르겠다. 예를 들어 과제 여덟 개를 하는 것이 과제 두 개를 하는 것보다 더 낫다고 생각할 수도 있지 않은가. 하지만 **똑같은 양의 시간을 투자할 때** 순위가 높은 과제일수록 결과가 좋다는 사실을 스스로에게 상기시켜라. 다른 말로, 순위가 낮은 과제를 두 배 많이 해도 높은 순위의 과제와 동일한 결과를 얻지 못한다.

순위가 가장 높은 과제부터 완수하고, 영향력이 낮아지는 순서대로 하나씩 과제를 해결하라. 이 접근법은 일석삼조의 효과가 있다. 집중력을 유지하는 데 도움이 되고, 주의가 분산되는 것을 막아 주며, 에너지를 효과적으로 배분하도록 해 줌으로써 탈진을 예방한다. 그렇지만 영향력이 중간 이하인 과제를 시작하기 전에, 영향력이 큰 새 과제가 나타나서 이것부터 신경 써야 하는 경우도 더러 있다. 이렇기 때문에 영향력을 고려해 할 일 목록을 규칙적으로 평가하는 것이 중요하다. 어제의 우선적인 과제가 오늘의 우선적인 과제가 아닐 수 있고, 그 반대도 마찬가지다.

딱 1시간만 있다면, 가능한 순위가 가장 높은 과제를 선택해 이것에 최선을 다하라. 많이 지쳤거나 오늘 해야 하는 가장 중요한 과제를 다 끝냈다면, 순위가 낮은 과제는 서두르지 않아도 된다. 이제는 알겠지만, 이러한 과제에는 순위가 높은 과제에서처럼 전심전력을 다할 필요가 없다. 앞서의 두 가지 서열화 기법을 적용함으로써 가장 영향력 있는 과제들을 식별하고, 자신의 목표에 부합하는 우선적인 활동들에 노력을 집중할 수 있다.

☑ 파레토 법칙은 전체 결과의 80퍼센트가 20퍼센트의 원인에서 발생한다고 정의한다. 80:20 법칙으로도 불리며, 많은 현상에서 '핵심적인 소수와 쓸 만한 다수'가 공존한다는 뜻이다. 이 법칙을 사용하고 싶을 때는 핵심적인 소수에 집중하고 쓸 만한 다수를 후순위로 미루면 된다.

☑ 80:20 법칙은 학습, 기술 향상, 새로운 정보 습득, 기억력 강화에 두루 적용된다. 하지만 이 법칙이 성립하지 않는 상황이 분명 있고, 이런 상황에까지 막무가내로 적용하는 것은 피해야 한다. 또한 각 상황별로 이 법칙이 어떻게, 왜 효과가 있는지 전략적으로 생각하는 법도 배워야 한다.

☑ 80:20 법칙을 적용해 가장 효과적인 공부법을 선택하라(열 가지로 목록을 작성한 다음 효과가 가장 큰 두 가지만 골라라). 자료를 읽거나, 언어를 배우거나, 새로운 정보를 기억할 때도 이 법칙을 사용하라. 학습하는 무언가의 이면에 있는 가장 유용하거나 관련 깊은 원칙 또는 하나로 이어 주는 통합 원칙을 식별하면 학습 과정을 간소화하고 조직화할 수 있다.

☑ 85퍼센트 법칙은 80:20 법칙과 관련 있다. 이것은 우리가 성공하거나 올바른 결과를 얻는 비율이 약 85퍼센트일 때 학습이 최적화되는 현상을 가리킨다. 성공 대 실패 비율이 최적화되면 효과가 있는 접근법과 없는 접근법을 구분할 수 있고, 이를 통해 학습과 진전이 이

뤄진다. 실패 수준이 최적화되도록 학습 과정을 신중하게 구축하라. 과제의 크기와 유형과 난이도에 변화를 주고 과제를 완수하기 위한 지원을 다양하게 시도함으로써 최적의 실패 비율을 찾아라.

☑ 새로운 기술을 습득할 때 80:20 법칙을 적용해 보라. 우리가 하는 일은 하지 않기로 선택하는 일만큼이나 중요하다. 이 법칙을 적용하는 것은 덜 노력하거나 속임수를 쓰거나 불편함을 피하고 싶어서가 아니다. 제한된 자원을 현명하게 사용할 계획을 세우기 위해 80:20 법칙을 사용해야 한다.

☑ 새로운 기술을 정복하는 지름길이 있다. 먼저 명확한 목표를 수립하고, 작은 하위 기술을 식별해 숙달하라. 그런 다음 피할 수 없는 잠재적인 도전을 선제적으로 확인해, 이것에 적절히 대비하라. 마지막으로, 숙달한 하위 기술 모두를 다시 합쳐라.

☑ 효율적으로 일하고 싶다면 자신에게 끊임없이 자문하라. 지금 하는 이 일이 내 목표에 가까워지게 해 줄까? SMART 목표 하나를 선택해서 최우선하고, 매일 이 목표를 향해 꾸준히 나아가라. 필수적이지 않은 과제는 과감히 쳐내라.

2

The 80:20   Learner

학습
다이어트

Shortcuts
to Fluency,
Knowledge, Skills,
and Mastery

THE 80-20 LEARNER

사람들은 가끔 자신의 뇌를 백지 같다고 생각해서 무언가를 새로 배우고 싶을 때마다 '무(無)'에서 출발한다. 그들은 아무 것도 모르는 완전 초보자로 시작한다는 기분이 들 수도 있다. 그래서 자신이 배우고 싶은 것에 관한 숙련가와 전문가를 찾아 조언을 구하고, 그들이 간략히 제시하는 경로를 성실하게 따른다. 당연히 이 접근법에 문제는 없지만, 한 가지 주의해야 한다. 이 방법은 자주 과소평가되는 무언가를 활용하지 못한다. 바로 자신이 이제까지 했던 학습의 가치이다.

2장에서는 우리가 평가 절하하는 어떤 학습법을 낱낱이 해부해 보자. 우리는 자신이 **이미 아는** 것과 그것을 활용하는 방법에 초점을 맞추는 학습을 제대로 평가하지 않는다. 실상은 어떨까? 어찌 보면 이런 학습은 80:20 법칙을 똑똑하게 적용하는 것이다. 새로운 개념이나 기술에서 **자신이 정말로 익숙하지 않은 생소한 20퍼센트를 식별하고, 이미 관련 지식이나 정보가 있는 80퍼센트를 계획적으로 활용하라.** 따라서 '학습의 미니멀리즘(minimalism, 최소주의)'은 자신에게 있는 기존 토대를 발판으로 학습하는 것이 핵심이다. 우리에게는 생각보다 이러한 토대가 많다!

이미 아는 것에 열쇠가 있다

태어나서 지금까지의 삶에서 배운 모든 것을 생각해 보라. **무수히 많다.** 당신의 뇌는 이제까지 수집하고 합성한 지식으로 터질 지경이다. 사실 뇌는 새로 입수하는 각각의 데이터를 기존에 저장된 방대한 이 도서관과 상호 참조한다. 당신만이 아니다. 우리 인간의 뇌는 애초부터 정확히 이런 방식으로 학습

70

한다.

당신이 어린아이라고 하자. 온몸이 갈색 털로 뒤덮이고 짖는 동물을 생전 처음 만나는데, 이 동물이 개라고 배운다. 이후 털북숭이에 짖는 동물을 또 마주치고, 이번에는 털 색깔이 하얗지만 이 **역시** 개라는 사실을 알게 된다. 그리하여 당신은 '개'로 분류되는 동물이라도 털 색깔이 다를 수 있다는 사실을 반영하기 위해 자신의 정신적 스키마(schema)[1]를 업데이트한다. 이제 당신은 상상의 나래를 펴기 시작한다. 개의 털 색깔은 얼마나 다양할까? 일반적인 이 규칙을 다른 동물군에도 적용할 수 있을까?

이러한 지식의 도약을 위해 형식 논리학(formal logic)을 이해할 필요는 없다. 지금 눈앞의 동물이 무엇인지 알려고 복잡한 진단 과정을 처음부터 시작하지 않아도 된다. 털 색깔이 하얀 개도 있다는 사실은 누군가가 가르쳐 준 것이 아니라 당신이 이미 아는 지식에서 순전히 추론으로 얻은 결론이다. (털이 하얗다는 새로운 정보처럼) 당신이 마주치는 약간 다른 모든 정보가 결정적인 20퍼센트를 구성한다. 그리고 이 20퍼센트는 개

---

1   심리학에서 나온 용어로 개인의 지식과 경험에 기반하여 형성된 인지 구조나 심리적 도식을 가리키며, 간단히 기억에 저장된 지식 덩어리라고 할 수 있다.

와 관련해 이미 정립된 80퍼센트의 지식 체계에 어떤 식으로
든 통합되어야 한다. 이렇게 볼 때 당신이 어떻게 학습해야 하
는지는 명백하다. 태어날 때부터 당신 안에 내장된 이 학습 소
프트웨어를 활용하라!

　여기서 80:20 법칙이 개입한다. 뇌는 본래가 이미 이해하
는 것을 아주 신속하고 최소한의 노력으로 처리한다. 가령 낯
선 개를 마주칠 때마다 뇌는 이 개에게서 습득하는 모든 정보
를 빠짐없이 처리하는 것은 아니다. 개에 대한 기존의 보편적
인 작동 모델(working model)에 부합하지 않는 몇몇 추가 정보
만 '배운다'.

　당신의 세상에서 새로운 사건이 벌어지고 뇌가 기억할 가
치가 있는 색다른 무언가를 마주치면, 곧바로 당신은 그것에
주의를 더 완전히 집중한다. 새로운 그것을 '배우고' 나면, 이
제부터는 그것을 어느 정도 자동적으로 할 수 있고 인지적 자
원도 덜 소비한다. 운전이 좋은 예다. 운전을 처음 배울 때 얼
마나 어려웠는지 생각해 보라. 온 신경이 거기에 다 쏠렸다.
그러나 일단 배우고 나면 출근할 때처럼 익숙한 길은 무의식
적으로 운전할 수 있다. 심지어는 도착하고 나서 어떻게 왔는
지 이렇다 할 기억이 전혀 없다. 그러던 어느 날 평소 다니던

도로가 갑자기 봉쇄되어 다른 길을 찾아야 할 때 또다시 주의를 기울이기 시작한다. 왜냐하면 다시 학습 모드로 전환되기 때문이다.

이 두 가지 능력을 장기 기억(long-term memory)과 단기 기억(short-term memory)이라고 생각하라. 단기 기억, 다른 말로 작업 기억(working memory)이 우리가 현재 집중하는 일감을 펼쳐 놓은 책상이라면, 장기 기억은 책상 아래에 놓인 문서 보관함이다. 그곳에는 기억과 연상(association)이 저장되는데, 단서(cue)와 촉발 요인(trigger)이 주어지면 언제든 인출될(retrieval) 준비가 되어 있다.

학생들은 새로운 개념을 자신이 이미 잘 아는 개념과 유의미하게 연결시킬 수 있을 때 그것을 이해할 가능성이 가장 높다. **새로운 정보는 기존 정보에 완전히 통합되어야 한다. 건물처럼 기존의 토대 위에 새 층을 올리는 것으로 생각하라.** 새로운 지식이 기존 지식과 연결되지 않으면 맥락과 의미를 갖지 못하고 이내 잊히고 만다. 예컨대 털 색깔은 다르지만 짖는다는 공통점이 있는 다양한 동물에 대해 '학습'했어도, 당신이 기억하고 맥락화하지 않으면 이들 동물은 '개'라는 개념의 일부가 될 수 없다.

새로운 학습을 기존 학습과 연결하는 것이 매우 효과적인 이유 하나는 **인지 부하**(cognitive load)[2]와 관련 있다. 인간의 뇌는 방대한 정보를 처리할 수 있지만 분명 한계가 있고, 이 한계치를 초과하면 정보를 잘 처리하지 못한다. 인지 부하 이론은 간단히 말해 새로운 정보가 뇌의 작업 기억에서 처리된다는 것이다. 문제는 작업 기억의 용량이 매우 제한적이라는 사실이다. 앞서 말했듯 작업 기억이 작은 책상이라고 생각하면 이해가 쉽다. 뇌는 목이 가느다란 병이고 작업 기억은 병의 목 부분에 해당한다고 간주해도 된다. 한 번에 소량의 정보만 들어오지만 뇌 안에는 나중을 위해 훨씬 많은 정보가 저장될 수 있다.

이제는 새로운 학습과 기존 학습을 연결시키는 것이 얼마나 효과적인지 충분히 이해했을 걸로 믿는다. 그렇다면 인지 부하를 낮추고 더 신속하고 더 효과적으로 배우기 위해 이것을 어떻게 사용할 수 있을까?

---

2   학습이나 과제 해결 과정에서의 인지적 요구량.

자신이 아는 것에서 시작하라

새로운 무언가를 배울 때 가장 먼저 할 일은 자신이 이해하거나 지난 학습에서 습득한 정보와 지식을 **재생**(recapitulation)**하는 것이다.** 재생은 뇌에게 관련 있는 기존 정보를 찾아 기억 저장고를 샅샅이 뒤지라고 요청하는 것이다. 이 하나만으로도 더 효과적으로 배울 뿐 아니라 더 주도적이고 집중하는 태도로 학습할 준비가 된다.

이렇게 하는 방법 하나는, 생각할 수 있는 모든 것을 그러모아 마인드맵을 작성하는 것이다. 구글에서 정보를 검색할 생각일랑 꿈에도 하지 마라. 확실하지 않을 때는 정보 바로 옆에 물음표를 달아 두고 일단 개념들을 임시로 연결하는 선을 그려라. 원한다면 무엇을 알고 싶은지에 표적화된 질문을 포함시켜도 무방하다. 다음에는 무엇을 가장 찾고 싶은가? 이 마인드맵에서 빈 칸을 채우거나 이 마인드맵을 작동시키는 데 도움이 될 만한 놓친 정보는 무엇일까? 등등. 여기서 80:20 법칙이 다시 등장한다. 가장 중대한 미지의 정보가 (결정적인 20퍼센트) 무엇이고 어떻게 하면 더 많이 학습할 수 있을지 스스로에게 물어라.

이런 식의 마인드맵을 작성하면 크게 두 가지 효과가 있다. 학습을 조직화하고 구축하는 하나의 방법인 동시에 얼마나 진전했는지를 구체적으로 보여 주는 시각적 증거로 사용되는 것이다. 읽고 배우는 동안 뇌는 빈 칸을 채우고 질문에 대한 해답을 알아낼 방법을 무의식적으로 찾는다. 당신은 이러한 내용을 마인드맵에 추가할 수 있고, 계속 읽고 학습하면서 추가할 새로운 질문을 생각해 낸다. 일단 아는 것을 (또는 모르는 것을!) 토대로 삼아 학습을 시작하라. 그런 다음 차차 새로운 정보로 발판을 구축하면 된다. 이러한 발판은 다시, 더 많은 연결과 연상을 만드는 토대가 되어 준다. 마인드맵 접근법은 읽고 학습하는 동안 반응적이고 유기적으로 지식을 취합하는 방식이다. 따라서 자료를 다 읽고 맨 마지막에 요약하거나 다른 누군가의 마인드맵을 사용할 때보다 학습 자료에 훨씬 깊이 관여한다.

의미 있는 연결을 만들어라

누군가가 당신이 이름조차 모르는 피터 터크먼(Peter Tuchman)

이라는 사람에 관해 한참을 이야기하다가 마지막에 이렇게 덧붙인다. "그는 월스트리트의 아인슈타인입니다." 당신은 이 세 단어의 은유를 듣는 순간 이제까지의 장황한 설명보다 터크먼이라는 사람에 대해 더 많이 알게 된다. 이는 당신이 전혀 모르는 무언가를 (터크먼) 이미 아는 무언가와 (아인슈타인) 연결시켰기 때문이다.

새로운 정보를 기존 정보와 직접 연결시키는 방법은 아주 많다. 단, **반드시 논리적이거나 인지적인 연결을 만들 필요가 없다**는 점을 명심하라. **감정적 연결도 이러한 연결 못지않게 강력하다.** 생물학이나 화학의 복잡한 과정을 배울 때는 각 분자나 단백질을 당신이 아는 누군가를 주인공으로 짧은 이야기를 만들어 보자. 끓는점 등등에 관한 무미건조한 사실이 단순 나열된 것보다 사랑, 배신, 음모, 추문으로 가득한 이야기를 기억하기가 훨씬 쉽다.

새로운 정보를 회상(recall)하는 데 도움이 되는 니모닉(연상 기호)을 만들 때도 마찬가지다. 당신 자신과 당신의 세상과 직접적으로 관련 있는 것을, 충격적이거나 재미있거나 생생하거나 기이한 것을 기억할 가능성이 대단히 높다. 새로운 정보를 더욱 구체화시킬수록 당신의 세상으로 더 빨리 녹아든다. 새로운 무언가가 친숙하고 자신과 관련 있다고 생각할 때 당신은 그것을 영원히 기억한다.

의도적이고 독특한 연상을 만드는 재미있는 방법이 있다. 학습 자료에서 새로운 내용을 공부할 때마다 방을 바꿔라. 의자, 필기구 색깔, 배경 음악을 바꿔 가며 실험해 보라. 읽은 무언가를 어떤 특정한 날과 연결시키는 것도 고려하라. 비 오는 날 친구 집에서 노는데, TV 소리가 배경 음악처럼 나지막이 깔리고 옆방에서 나는 향긋한 커피향이 코끝을 스치던 어느 화요일 오후와 연결시키는 식이다. 이렇게 하면 무언가를 더 쉽게 회상할 수 있다. 이러한 모든 감각 기억(sensory memory)과 연상은 기억 저장고에서 특정 기억을 인출하도록 해 주는 꼬리표나 손잡이라고 생각하라. 감각 기억과 연상은 많을수록 좋다. 하나가 실패해도 사용할 수 있는 감각 기억과 연상이 많이 남아 있으니 그렇다.

공부 자료를
개략적으로 이해하라

코앞으로 다가온 역사 시험의 범위에 미국 남북전쟁(American Civil War)이 포함된다고 하자. 구체적인 세부 내용을 파고들기 전에 공부해야 하는 내용을 개략적으로 이해하면 좋다. 먼저 남북전쟁과 관련 있는 장들부터 훑으면서 제목, 소제목, 핵심 요점에 관심을 기울여라. 그런 다음 목차를 살펴보고 전체적인 구조와 주요 주제를 파악하라.

빠르게 읽으면서 남북전쟁에 관한 일반적인 질문의 해답을 찾기 위해 노력하라. 예컨대 남북전쟁의 발발 원인이나 주요 전투나 관련된 핵심 인물에 대해 자문하라. 이것은 본문을 읽을 때 이러한 해답을 찾게끔 준비시켜 주는 효과가 있다. 지금 단계에서는 정확한 세부 내용을 몰라도 신경 쓰지 마라. 교과서와 대화를 나누듯이 여백에 질문이나 작은 도표나 개인적인 의견을 적어 보는 것도 좋다. 각 섹션을 시작할 때마다 잠시 멈추고 다음에 나올 내용을 추측해 보는 것도 유익하다.

개요를 파악하면 여러 이점이 있다. 무엇보다 마음속으로 자신만의 학습 프레임워크와 로드맵을 만드는 데 도움이 된다. 또한 공부하는 동안 학습 자료에 적극적으로 집중하고 새로운 정보를 사전에 획득하며, 그 정보를 작업 모델과 의식적으로 통합할 수 있다. 이것이 최고의 '능동적 읽기(active reading)'이다. 주제의 전체적인 구조와 방향을 계속해서 명확히 이해할 수 있도록 학습 여정 내내 이 과정을 반복하라. 이것은 책상 위에 펼쳐진 일거리를 하나하나 처리해서 한 번에 개념 하나씩 책상 아래의 캐비닛에 차곡차곡 정리해 보관하는 것과 비슷하다.

공부 시간을 마치기 전에 꼭 할 일이 있다. 이제까지 공부한 내용을 평가하라. 공부한 내용을 전반적인 목표와 그 시간에 달성하고자 했던 목표와 비교하라. 공부를 시작할 때 마인드맵을 작성했다면, 이제는 마인드맵에서 대답할 수 있는 질문이 있는지 확인하라.

수동적으로 받아들인 정보보다 이렇게 자기 주도적으로 학습한 정보를 기억할 가능성이 훨씬 높다. 이뿐만 아니라 진전 여부를 명확히 판단하고, 자신의 공부법을 스스로 평가할 기회도 생긴다. 목표했던 바를 달성했다면 자축하고 휴식하라. 공부 시간이 끝난 뒤에 어떤 것이든 진전을 이루었다고 정직하게 말할 수 없다면, 이는 무언가를 바꿀 필요가 있다는 징후이다!

비움의 미학: 학습의 미니멀리즘을 실천하라

학창 시절 매일 시간을 어떻게 보냈는지 떠올려 보라. 이동 수업, 체육 시간, 시험공부, 쪽지 시험, 목소리가 단조로워 자장가 같았던 선생님, 점심 급식, 청소년 드라마, 청소년 정책들, 빡빡한 시간표, 삼각법 숙제….

이 모든 것을 되돌아보라. 실질적인 가치가 있었고, 학습과 성장에 도움이 되었으며, 오늘날에도 사용하는 실용적인 기술을 가르쳐 준 것은 무엇인지 스스로에게 물어보라. 전통적인 교육을 받은 대부분의 사람은 이것이 20퍼센트에 턱없이 부족하다고 말할 것이다. 가끔은 학교에 다니는 것 자체가 목적이라고 생각했을지도 모르겠다. 학교와 연관된 많은 규칙과 의례 의식이 순수한 교육적 결과와는 거의 관련이 없다고 말이다.

성인이 되어 공부하면 달라질까? 아서라, 학교에서 배운 그 모든 관행을 그대로 모방하려는 경향에서 벗어나지 못하는 성인 학습자가 많다. 형광펜을 손에 들고 자료를 읽거나, 억지로 1시간 동안 엉덩이를 의자에 붙이고 있는 모습이 눈에 선하다. 도대체 왜일까? 이번 장에서 속 시원히 풀어주겠다. 학습에 관해 배운 것 중에서 실제로 필요한 것은 얼마나 되고 무시할 수 있는 80퍼센트는 얼마나 되는지 알아보자.

오늘날 미니멀리즘이 대세로 자리를 잡아가고 있다. 이 개념의 원리는 교육과 직업적 삶에도 적용할 수 있다. 먼저 미니멀리즘에 대한 오해부터 짚어 보자. 이것은 절제와 금욕을 강조하는 스파르타 방식과 자기 처벌적(self-punishing)인 방식을 실천하는 것이 아니다. 또는 선(禪, Zen)의 절제미 같은 심미적 감각을 획득하는 것도 아니다. **무언가의 가치를 자신의 가치관에 입각해 진중하고 의식적으로 고려하는 것과 그러한 가치와 조화를 이루는 삶을 구조화하려는 노력과 관련 있다.**

자신의 목표와 우선순위를 명확히 이해하더라도 그 80퍼센트는 혼란을 야기하고 주의를 산만하게 만들어 방해가 될 수 있다. 미니멀리즘은 필수적이지 않은 이 요소를 끊임없이 제거하는 삶의 방식이다. 그래야 필수적인 요소가 계속 빛날 수 있는 까닭이다. 요컨대 미니멀리즘은 모든 것을 정리정돈(decluttering)하는 것이 핵심이다.

● **책상과 공부 공간**

- 디지털 삶

- 마음

- 일정과 할 일 목록

- 미디어 소비(media consumption)

- 식생활

- 작업 관행

- 소비 습관

- 믿음과 태도

- 생활환경과 삶의 방식

이 외에도 정리해야 하는 목록은 끝이 없다. 하지만 정리정
돈하는 것 자체는 도덕적인 행위가 아니거니와 아무런 가치도
없다. 정리하는 이유는 삶을 어지럽히는 소음을 제거할 때 따
라오는 평온하고 반성적인(reflective) 균형 상태를 원하기 때문
이다. 정확히 무엇을 정리하는가는 사람마다 다르다. 사람마
다 목표와 가치관이 다르니 당연하다. **미니멀리즘은 엄밀하게
말해 무엇을 간직하기로 선택하는가와는 관련이 없다. 미니멀리
즘에서는 무엇이 제거되고 무엇이 남는가를 결정짓는 명확성과
목적이 중요하다.**

단계별로 정리정돈하기

외적 공간

우리의 물질적 환경은 우리의 정신적·감정적 환경을 보여 주는 거울이다. 자신이 염두에 두고 있는 학습 공간을 가능한 중립적인 눈으로 살펴보라. 어떤 사람이 여기서 일하고 공부할까? 이 공간이 어떤 생각과 감정을 유발할까? 이 공간이 촉진하는 활동과 행동은 어떤 것이고, 방해하고 좌절시키는 활동과 행동은 어떤 것일까?

학습 공간에 있는 물건들을 미니멀리즘의 렌즈로 들여다보아도 좋다. 한두 개를 선택해 손으로 잡아 보라. 당신이 집중하는 목표가 있는 것처럼, 이 물건의 목표는 무엇일까? 이것이 제공해야 하는 본연의 목적은 무엇이고, 이것이 그 목적을 얼마나 잘 충족시킬까? 이들 물건의 목표와 목적이 당신의 목표와 목적과 일치할까? 이 물건이 얼마나 필요한지, 이것이 적절한 장소에 있는지, 이것이 당신에게 어떤 영향을 미치는지 생각해 보라.

오해하지 마라. 사무실에 있는 펜과 연필을 마지막 한 자루까지 심도 깊게 분석하라는 말이 아니다. 전반적으로 볼 때 당신의 환경이 학습에 **이로운지, 해로운지** 신선한 관점으로 이해하는 수준이면 충분하다. 이제 당신 앞에 여러 선택지가 놓인다. 몇 개를 없앨까? 더 적절한 것을 새로 장만할까? 여유 공간을 좀 만들어 볼까? 이참에 대청소를 할까? (이것은 큰 의미가 있다. 지저분한 학습 환경은 심리학적으로 어떤 의미가 있을까?) 의자와 조명과 온도 조절 장치를 바꿀까? 등등.

내적 공간

이제 내면으로 눈을 돌려 보자. 물리적인 학습 환경에 있는 몇 가지를 신중하게 고려한 것과 똑같은 방식으로, 내적 공간에 자리하는 정신적·감정적 '물건'을 살펴보라. 이러한 물건을 식별할 때 요긴한 몇 가지 질문이 있다. 이번 역시 핵심은 이러한 것을 당신의 명시적 목표(stated goal)와 비교하는 것이다. 태도, 믿음, 감정, 가정(assumption) 등등이 명시적 목표에 **도움이 될까** 아니면 **방해가 될까**? 정말 얼마만큼 중요할까? 20퍼센트의 일부일까, 80퍼센트에 포함될까?

* **태도와 마인드셋**: 당신은 학습 과정을 어떻게 생각할까? 극복할 수 없는 도전? 새로운 가능성? 위협? 성가시고 따분한 일? 해야

하기 때문에 의무감으로 하는 일? "학습은 (...)이다"의 빈 칸을 채워 문장을 완성해 보자. 브레인스토밍으로 몇 가지 대답을 즉흥적으로 떠올려 보라. 어쩌면 학습을 억지로 해야 하는 무언가라고, 의무나 희생과 비슷하게 생각한다는 사실을 깨달을 수도 있다. 또 어쩌면 자기계발을 '탈출구'로 여길지도 모르겠다. 아무것도 판단하지 말고 학습에 대한 이러한 태도를 깊이 살펴보라.

- **생각**: 당신이 지금 배우는 새로운 것에 관한 생각, 당신 자신에 관한 생각, 세상에 관한 생각에 대해 생각해 보라. 자신의 학습 과정을 어떻게 생각하는지 샅샅이 점검하라. "난 얍삽해" 같은 부정적인 생각부터 "난 이걸 할 수 있어" 같은 긍정적인 생각까지 모두를 고려하라.

- **감정**: 흥분되고 호기심이 생기고 의욕이 솟는가? 지루하고 화나고 지치는가? 자신의 감정을 찬찬히 점검해 보라.

- **두려움**: 당신은 무엇을 걱정할까? 발전하고 성장하기 위해 필요한 것을 가지고 있지 않다고 두려워하는 사람이 많다. 어쩌면 발전과 성장을 위해 필요한 것을 **가지고** 있지만⋯ 이러한 것을 어떻게 사용해야 할지 몰라 겁내는 사람도 있다.

- **습관**: 우리가 평소 일을 하는 습관화된 방식이 되레 다른 방식으로 일하지 못하게 방해할 수도 있다. 당신이 일할 때의 습관, 정형

화된 루틴, 삶의 방식은 무엇인가?

- **믿음**: 이것은 좀 더 깊은 내면에 자리한다. 어떤 사람은 자신이 야심 찬 목표를 추구할 자격이 없다고 믿으면서 무의식적으로 자신을 억제한다. 또 어떤 사람은 자신이 너무 빛나면 주변에 위압감을 줄까 두려워 자신을 억누른다. 또 다른 사람은 자신이 남들보다 자격이 부족하고 회복탄력성이 낮으며 덜 똑똑하다는 믿음 때문에 시도 자체를 두려워한다. 이뿐만 아니라 자신이 어떤 사람인지 스스로 세뇌시키고, 꿈이 있음에도 불구하고 이러한 꿈이 자신에게는 그림의 떡이라고 지레 포기하는 사람도 있다.

이처럼 자신의 내적 세상을 점검할 때 무의미한 정신 분석 (Psychoanalysis)에 발목을 잡히지 않도록 주의하라. 마음속에 있는 것을 하나씩 살펴보고 "이것이 내게 이로울까? 이것이 내가 목표를 달성하는 데 도움이 될까?"라고 자문하는 것이 핵심이다. 이 질문에 "그렇다"라고 당당히 대답할 수 없는 것은 기쁜 마음으로 내쳐도 좋다. (물론 이렇게 하려면 약간의 연습이 필요할지 모르겠다. 정신적 혼란은 물리적 혼란보다 더 끈질기다!)

당신의 성장과 발전을 방해하는 태도나 행동이 있는가?

작업 공간

마지막 단계는, 앞서 장기 기억과 단기 기억에서 배운 내용을 염두에 두고, 당신의 정보 처리와 정보 처리 체계를 객관적으로 살펴보는 것이다. 학습 여정은 자신이 계획한 교육 과정에 따라 진행되어야 한다. 말인즉 당신은 **방대한 정보**로 가득한 크고 넓은 세상을 가로질러 가야 한다. 당신은 그 **모든** 정보를 받아들일 시간이나 지적 능력이 충분하지 않으므로 선택과 집중을 위한 분별력이 필요하다. 초점이 명료하고 군살을 뺀 미니멀리즘 학습을 원한다면 방법은 하나뿐이다. 목표를 달성하는 데 중요하고 적절하며 유용한 것은 받아들여라. 반면에 주의를 분산시키거나 탈선시키거나 방해하는 것은 무시하거나 제거하라.

스스로에게 물어보라.

- 지금 하는 이 일이 목표를 달성하는 데에 직접적으로 도움이 될까, 아닐까?
- 이것은 '시간을 때우는' 과제일까? 또는 '바쁘기만 하고 쓸데없는 일'일까?
- 이 과제를 포기한다면 내 학습 여정이 어떻게 보일까? 많은 것

을 잃을까?

- 다른 방법으로 내가 원하는 것을 더 빨리 또는 더 효과적으로 달성할 수 있을까?
- 내 목표에 더 부합하도록 이 과제를 조정할 수 있을까?

오늘날 정보의 홍수 시대에서는 각종 디지털 기기가 끊임없이 주의를 분산시키는 요소와 소음으로 가득한 세상으로 우리를 이끈다. 우리가 이러한 기기를 아주 멀리하는 것은 어차피 불가능하다. 그렇다면 어떻게 해야 할까? 주의가 이리저리 끌려다닐 때마다 알아차리는 습관을 들여라. 그런 다음 스스로에게 물어라. 이 책, 웹사이트, 팟캐스트, 토크쇼 출연자, 뉴스, 영화, 비디오 게임, 전화 통화, 이메일, 유튜브 동영상이 내가 목표를 향해 계속 순항하도록 해 줄까?

주의(attention)**와 인식**(awareness)**이 가장 귀중한 자원**이라는 사실을 한시도 잊지 마라. **이러한 자원을 어떻게 '소비'할지 스스로 선택할 수 있다**는 것도 늘 명심하라. 당신이 이러한 자원을 어떻게 소비하는지 점검해 보라. 자신에게 도움이 될 만한 과제에 투자하는가, 아니면 자신의 삶에 아무 보탬도 안 되는 것에 낭비하는가?

가장 큰 모순 중 하나는 우리가 더욱 효율적이고 생산적인 미니멀리스트 학습자가 되기 위해 노력하면서 결국에는 온갖 종류의 장치에 의존한다는 것이다. 사실 이것은 미니멀리즘 학습에서 가장 큰 모순 중 하나이다. 정직하게 생각해 보라. 새로운 불렛저널 기법(bullet journal method)[3], 누군가가 무언가에 대한 개인적인 '썰'을 푸는 45분짜리 동영상, 복잡한 인포그래픽, 새로운 명상법 등등이 **정말** 필요할까? 올바른 방식으로 '정리정돈'하는 것이 되레 스트레스이고 이 일에 1주일이나 걸린다면, 당신은 정말로 미니멀리스트일까? 이쯤에서 스스로에게 물어보라.

내가 목표를 향해 확실하게 나아가기 위해 꼭 필요한 최소한의 것은 무엇일까?

이 물음에 답을 결정했다면 곧장 그 방향으로 행동을 취하라. 당장은 다른 모든 것은 신경 쓰지 말고 그것만 하라. 어떤 순간에도 당신은 관련 있고 유의미한 자원을 신중하게 선택할 수 있다. 아무리 많은 사람이 사용하더라도, 진전을 방해하는 자료와 기법을 최소한으로 사용하도록 스스로 통제할 힘도 있다!

미니멀리즘에 기반하는 학습 접근법은 지식 획득 과정을

---

3 작업, 목표, 일상생활을 더욱 효과적으로 관리할 수 있게 도와주는 기법.

단순화하고 유연하게 만들어 준다. 또한 자신이 관리할 수 있는 한도 내에서 균형적으로 정보를 습득하도록 도와준다. 이렇게 하면 너무 많은 데이터로 정신이 압도되거나 탈진할 가능성이 원천적으로 예방된다. 쉽게 말해, 우리는 고등학교에서 배웠던 아주 많은 것과 **정반대**로 한다!

자기 주도 학습에서 미니멀리즘은 지식을 신중하고 의식적으로 활용하는 접근법을 포함한다. 정보를 수동적으로 소비하지 마라. **능동적으로 정보를 관리하고 정보가 현실 상황이나 실용적인 맥락과 어떤 관련이 있는지 깊이 숙고하라.** 자기 자신, 자신의 가치관, 무엇이 중요하고 중요하지 않은지에 관한 자신의 판단력을 믿어라.

프로젝트나 연습이나 토론에서 배운 것을 적용해 학습에 의미를 더하라. 지식을 실용적으로 활용하는 것에 집중하면, 학습 결과를 최적화하고 정보를 더욱 효과적으로 기억하고 보존할 수 있다. 당신은 배우는 학생이다. 하지만 학습 무대에서 당신은 1인 2역을 소화한다는 점을 명심하라. 즉 자신의 스승이고, 여기에는 권한이 따라온다. 자신의 학습에 주인이 되어라. 규율을 세우고 주기적으로 반성하라.

자동화된 습관과 판에 박힌 공허한 루틴으로 돌아가지 마라.

학습이 어떤 모습이어야 하는지에 관한 다른 사람들의 생각에도 흔들리지 마라. 집중력을 유지하고 불필요하게 주의가 분산되는 일이 없도록 학습 환경, 계획, 진전 상황을 지속적으로 평가하고 재평가하라. 관련이 없어 보이는 무언가를 식별했을 때는 가차 없이 버려라. 죄책감을 느끼지도 두 번 생각하지도 마라. 이렇게 함으로써 자신이 원하는 곳에 실제로 도달할 수 있는 풍부하고 유의미한 학습 경험을 스스로 만든다.

정보 과부하를 최소화하라

우리가 새로운 기술을 배우거나 지식을 습득하기로 결정하는 순간 흥미로운 일이 벌어진다. 이제까지 없던 정보의 신세계가 열리는 것 같고, 미처 깨닫기도 전에 온갖 정보가 홍수처럼 쇄도한다. 책, 학술지 논문, 동영상, 음성 기록물, 입문 지침서 등등.

오늘날 우리는 방대한 교육 자료에 쉽고 즉각적으로 접근할 수 있다. 더욱이 대부분의 정보가 공짜다. 이런 점에서 우리는 인류 역사를 통틀어 가장 축복받은 세대이다. 하지만 동전의 양면처럼 이러한 풍요의 이면에 어두운 현실이 있다. 우리는 아주 신속하게 압도당하고 심지어는 자신이 애초에 하고자 했던 것조차 망각할 위험이 있다.

이 정보의 바다에서 한 가지 사실을 자신에게 **끊임없이** 상기시켜야 한다. 일부 데이터는 우리의 목표와 관련이 없거나, 한물간 구식이거나, 정확하지 않거나, 부적절하거나, 완전히 엉터리라는 사실이다. 한마디로 80퍼센트 정보이다. 여기서 끝이 아니다. 이 80퍼센트에 주의를 빼앗기지 않고 자신에게 가장 중요한 20퍼센트를 지속적으로 식별해야 한다. 그렇다고 정보를 선별하는 과정 자체에 지나치게 얽매이면 안 된다(알겠지만, 끊임없이 최적화하고 조직화하는 것이 이내 80퍼센트 활동이 될 수도 있기 때문이다!).

우리에게 필요한 것은 밀려드는 방대한 정보를 적은 노력으로 관리할 수 있는 표준적인 방식이다. 걱정하지 마라. 효과 만점의 3단계 로드맵이 있다.

1단계 **당신이 무엇을 알아야 하는지 정확히 식별하라**

이번에도 역시 목표와 관련 있다. 당신은 무엇을 알아야 할까? 어렵게 생각하지 마라. **당신이 학습 여정에서 다음 단계를 취하는 데 필요한 도움을 준다면 무엇이든 좋다.** 잊지 말아야 하는 것은 딱 한 가지⋯ 다른 모든 것은 기다릴 수 있다는 사실이다. 예를 들어 자신이 정오부터 오후 1시까지 시간을 어떻게 쓰는지 명확히 안다면, 주의를 끄는 무언가가 나타날 때 곧바로 자문할 수 있다. "이 시간에 달성하려는 내 목표를 고려할 때 이것을 꼭 알아야 할까, 몰라도 될까?"

오늘날의 정보 출처 중에는 처음부터 우리의 주의를 사로잡도록 고안된 것이 너무 많다. 더구나 때로는 오직 감정에만 호소한다. 잠시 멈추고 자세히 살펴보라. 애당초 우리가 마주하는 정보 중에 진짜배기는 별로 없다. 풍요 속의 빈곤이다. 경각심을 일깨우는 주요 뉴스도 좀 깊이 들어가면 우리의 삶과 관련 없는 일단의 독단적인 의견을 포함한다. 처음에는 재미있던 TV 프로그램이 예전에 보았던 어떤 프로그램과 거의 판박이 수준이다. 강사가 추천한 '추가 참고 문헌'은 학습 성과에 미미한 영향만 주는데도 읽으려면 14시간이 걸린다.

읽을거리든 시청각 자료든 새로운 정보에 곧바로 덤벼들

지 마라. 잠시 멈추고 당신의 목표와 비교해 평가하라. 목표와 관련 있다면, 이 정보로 정확히 무엇을 얻고 싶은지 염두에 두고 읽거나 시청하라. 예를 들어 논문을 읽고 나면 실제로 활용할 수 있는 귀중한 어떤 새로운 정보를 얻을까? 읽는 동안 그 정보를 적극적으로 **찾아라**.

2단계 당신이 얼마나 알아야 하는지 인지하라

자신의 '정보 경계(informational boundary)'를 설정하라. 읽으려는 이유를 명확히 정의하는 것도 좋지만, 그 데이터를 얼마만큼 받아들일지 한계도 설정할 필요가 있다. 당신이 나름의 이유가 있어서 정보를 받아들인다는 사실을 명심하라. 일반 상식을 늘리고 싶어서일까? 문제를 해결하는 데 도움을 받고 싶어서? 의사결정에 사용할 더 나은 정보가 필요해서?

이러한 이유를 안다는 것은, 그 목표를 달성하는 데 도움이 될 **만큼만** 정보를 받아들이고 그런 다음 멈출 수 있다는 뜻이다. 때로는 재빨리 훑거나 요약을 읽는 것으로 충분하다. 또 때로는 더욱 정독하고 내용을 깊이 이해할 필요가 있다. 어떤 경우든 읽는 중간중간 멈추고 처음의 궁금증이 해소될 만큼 충분한 정보를 획득했는지 자문하라. 이렇기 때문에 정보의 늪에 빠지기 **전에** 자신이 무엇을 하고 있는지 아는 것이 중요하다. 조사와 데이터 수집을 언제 그만둘 수 있을지 알면 압도감이 몰라보게 줄어든다.

3단계 당신이 찾고자 하는 것의 가치를 능동적으로 파악하라

정보를 의식적으로 소비하라. 수동적으로 받아들이지 마라. 정보를 작게 쪼개고 분석하고 질문을 하고 정보가 어떻게 구성되었고 왜 이렇게 구성되었는지에 호기심을 가져라. 이 정보의 절대적인 가치는 얼마이고 당신의 가치관과 목표와 관련해서는 얼마나 가치 있을까? 이 정보는 누가 왜 생산했을까? 얼마나 완전하고 정확하며 적절할까? 정보 생산자는 자신의 주장을 정당화할 수 있는 자격이나 경험이나 권위가 있을까?

목표에 정밀하게 초점을 맞추면 무언가가 시간과 주의를 기울일 가치가 있는지 신속하게 평가할 수 있다. 그만한 가치가 없다면 곧장 다음으로 넘어가고 이로써 질 낮은 정보를 걸러낸다. 고품질의 정보 출처가 둘 이상이라면 **가장 좋은** 출처를 선택하고 나머지는 무시하라. 가령 업계 간행물과 기사가 끝없이 쏟아지며 융단폭격을 퍼부을 때는 이러한 모든 출처가 제공하는 가장 핵심적인 최신 정보를 요약하는 뉴스레터 하나만 구독하라.

이 접근법에는 또 다른 장점도 있다. 가장 중요한 부분을 즉각 포착하는 것이다. 본격적으로 시작하기 전에, 표제나 목차를 읽고 도표와 표(table)를 간략히 훑고 초록이나 요약을 살펴보고 어떤 정보든 전체적인 구조와 논점을 이해하라. 마찬가지 맥락에서, 이 정보가 당신의 관점이나 다른 저자의 주장이나 특정 아이디어와 일치하지 않는 영역을 신속하게 찾아 이 영역에 집중하라. 이럴 경우 배경적 정보와 맥락적 정보는 종종 대충 스치듯 지나가도 무방하다. 이 접근법은 80:20 법칙과 일맥상통한다. 당신이 보는 것에서 20퍼센트만 중요하다. 어떻게 하면 그 중요한 20퍼센트를 빨리 찾아낼 수 있을까?

압도되는가…
무서운가?

여기서 한 가지 짚고 넘어가야 하는 것이 있다. 압도감이 드는 이유가 무조건 과도한 정보 때문이 아니라는 것을 꼭 알아야 한다. **압도는 인지적이고 실제적인 경험 못지않게 감정적인 경험**

일 수 있다. 단순히 너무 많은 데이터에 직면한다고 해서 꼭 압도되는 것이 아니다. 그 데이터를 잘 처리할 자신이 없어서 압도감을 느낀다.

학습 경험은 동시다발적인 많은 맥락으로 구성된다. 새로운 정보와 기술을 습득하면서 당신은 학습 과정에 감정적으로 관여하는 동시에 시간 관리, 바람직한 마인드셋, 규율 등등의 메타 기술까지 개발한다. 특히 느지막한 나이에 무언가를 새로 배운다면 또는 안전지대를 멀리 벗어나는 도전으로 스스로를 채찍질한다면, 오만가지 두려움이 들 수 있다. 자질이 충분하지 않다는 두려움, 재능이 충분하지 않다는 두려움, 충분히 강인하지 않다는 두려움, 충분히 빨리 적응할 수 없다는 두려움 등등.

어떤 사람은 학창 시절에 처음 생긴 심리적인 문제를 성인 학습에 그대로 투영한다. 예컨대 시험 성적에 대한 스트레스로 떨어진 자신감을 성인이 되어서도 회복하지 못한다. 또는 그 스트레스가 자신의 지적 능력과 전반적인 역량에 대한 믿음으로 굳어져 평생을 따라다닌다. 또 어떤 사람은 자신이 똑똑하다고 생각하지만 유독 공부머리가 없을 수도 있다. 문제는 성인이 되어서까지 새로운 모든 학습에 이런 저항감이 드는 것은 끔찍한 자기 충족적 예언(self-fulfilling prophecy)을 불러올 가능성이 있다는 점이다. 이런 감정에 굴복한다면, 과거의 학습 경험이 어떠했든 지금 자신이 학습하고 성장**할 수 있다**는 것을 스스로에게 증명할 기회가 영원히 없기에 그렇다.

당신을 괴롭히는 압도감이 전반적인 학습에 대한 더 큰 두려움과 관련 있다고 의심되는가? 걱정 마라. 이는 당신만의 문제가 아니다. 학습에 관한 사고 과정을 재구성하기 위해 필요한 것은 딱 두 가지다. 약간의 호기심과 실험만으로 충분하다.

- 업스킬링(upskilling)[4]을 지루하고 무서운 것으로 생각하지 마라. 가능한 한 최고가 되고 싶어 하는 자신에게 주는 호사요, 특별한 선물이라고 생각하라.
- 외부적으로 서열화되고 평가를 받고 점수가 매겨지는 것은 무시하라. 학습 결과가 아니라 새로운 무언가를 배우는 학습 과정에 집중하라.
- 자신은 물론이고 주변 사람들에게 당신이 학습을 즐긴다고, 학습이란 목표를 이루기 위한 수단이 아니라 평생의 활동으로 생각한다고 말하라.

4 기존의 기술과 지식을 바탕으로 새로운 기술과 지식을 습득하는 것.

문제 해결형 마인드셋을 채택하라. 너무 크고 위압적으로 보이는 무언가는 아주 크다고 생각되지 않을 때까지 쪼개라. 조급한 마음에 서두르면 속도를 약간 늦추고 심호흡을 하며, 다음의 20퍼센트가 아니라 바로 다음 단계에만 집중하라. 테크놀로지가 불편하거나 기술 부족이 당신의 진전을 방해하는 약점처럼 생각될 때는? 자신을 갖고 그 지식을 찾아내기 위해 취해야 하는 첫 단계가 무엇인지 스스로에게 물어라.

배움과 학습에 대한 두려움을 극복할 수 있는 비결이 있다. 다음의 세 아이디어를 따라라.

두려움의 원인을 식별하라: 당신이 학습을 두려워하는 원인이 무엇인지 확인하라. 실패가 두려워서일까? 다른 사람들에게 판단 받는 것이 무서워서일까? 과거의 부정적인 경험이 원인일까? 근본적인 원인을 알아야 그 원인을 효과적으로 다루기가 수월하다. 그림을 배우고 싶은데 두렵다고 하자. 알고 보니, 이 두려움은 미술 재능이나 가치 있는 무언가를 창조할 능력이 없을 거라는 자기 믿음에서 비롯한다. 이 두려움의 진짜 정체를 알고 나면 자신을 가로막는 근원적인 자기 의심과 부정적인 믿음을 해결할 수 있다.

두려움을 다스려라: 두려움이 저절로 없어지지 않을 거라는 사실을 인정해야 한다. 필요하다면 전문가의 조언을 구하고 두려움에 정면으로 맞서기 위한 조치를 강구하라. 경력이나 진로를 전환하기 위해서는 익숙한 것을 내려놓고 직업적 정체성을 재정의해야 한다. 이것이 무서울 수도 있지만 성장하기 위해서는 거쳐야 하는 통과의례이다.

앞서의 그림 배우기 사례에서, 두려움을 다스린다는 것은 그것을 극복하기 위한 자원과 지원을 적극적으로 찾는다는 뜻이다. 미술 수업에 등록하거나 회화 워크숍에 참가하는 것도 좋은 출발점이다. 숙련된 강사에게서 배우고 열정 가득한 미래 '화가'들과 상호작용할 수 있는 기회가 된다. 자신과 비슷한 사람들과 어울리고 전문가의 지도를 받음으로써 당신은 올바른 방향으로 순항 중이라는 자신감과 확신이 생길 수 있다.

학습을 점진적인 여러 단계로 쪼개라: 관심사가 무엇이든, 처음부터 완전한 자격(full qualification)을 추구하는 것이 무리라고 생각될 때는 단기 과정으로 시작하라. 당신이 이미 보유한 전이 기술(transferable skill)[5]을 고려하고, 성공에 필요한 결정적인 기술에 우선순위를 두어라. 작은 단계를 차근차근 밟아나

5 다양한 분야나 여러 상황에 적용할 수 있는 기술.

가면, 자신감이 커지고 점점 더 도전적인 과정을 시도할 수 있다. 단시일에 그림 실력을 쌓겠다는 생각은 자신에게 커다란 부담을 주는 욕심이다. 대신에 그 학습 과정을 스스로 감당할 수 있는 여러 작은 단계로 나누어라.

먼저 기본적인 붓놀림, 색상 혼합, 간단한 정물화 그리기로 실험하라. 한 달 내에 작은 그림 완성, 특정 기법 숙달 같은 작은 목표를 설정하라. 이러한 점진적 목표(incremental goal)를 달성함에 따라, 회화의 더 복잡한 측면을 다룰 수 있는 자신감이 커지고 동기도 부여된다.

걱정토끼와 이별하라

압도감이 들 때 (특히 새벽 3시에도 걱정토끼가 잠들지 않을 때!) 불필요한 것을 끊어내고 중요한 것에 다시 집중하도록 해 주는 유익한 기법이 있다.

작은 '걱정 노트'를 준비하라. 저절로 생겨나서 당신의 주의를 끌어당기는 침투적 사고(intrusive thought),[6] 걱정, 의문, 요

---

6   우연히 떠오르는 원치 않는 생각이나 인상 또는 강박이 될 수 있는 불쾌한 생각.

구 모두를 최대한 포착해서 기록하라. 공책도 좋고 컴퓨터에 별도의 폴더를 만들어 주의를 분산시키는 디지털 요소를 기록해도 된다. 어떤 과제나 아이디어에 오롯이 집중하고 있는데 무언가가 나타나는 바람에 스트레스를 받거나 주의가 흩어질 때마다 곧바로 걱정 노트에 기록하고 의식 밖으로 몰아내라. 만약 디지털 요소라면 폴더에 링크를 걸거나 첨부파일로 저장하라. 이렇게 하면서 자신과 약속하라. 지금 집중하고 있는 중요한 것을 끝냈을 때, 나중에 이것을 다루겠다고 스스로에게 말하라.

정보 과부하가 야기하는 불안은 종종 빨리 처리해야 하는 중요한 무언가를 놓칠 거라는 걱정에서 비롯한다. 하지만 무언가를 기록하는 것은 자신의 뇌와 약속하는 행위이다. 이 아이디어를 잊지 않을 거라고, 완벽히 처리할 거라고, 그러나 **지금은 때가 아니라고**. 걱정이야 얼마든지 해도 된다. 그렇지만 걱정도 때를 가려서 해야 하는 법, 자신의 일정에 맞춰서 걱정하라! 스스로에게 말하라. "뇌야, 이것에 관심을 갖게 해 줘서 고마워. 메모를 해두었으니 계속 상기시켜 주지 않아도 돼. 이것을 살펴볼 거야. 그렇지만 나중에 할게. 지금은 다른 것을 하고 있으니까 말이야."

걱정 미루기(worry postponement)라고 불리는 이 기법은, 침투적이거나 주의를 분산시키거나 관련 없는 정보에 대해 더 명확한 경계를 유지하는 데 도움이 된다. 가령 매일 아침이나 저녁에 15분간 스스로에게 별도의 '걱정 시간'을 할당하고, 이 시간에 걱정 노트나 폴더를 살펴보면서 그러한 걱정에 대해 구체적인 조치를 취한다.

당신이 아무것도 할 수 없는 걱정이라면 목록에서는 당연하고 머릿속에서도 지워라. 반대로 무언가를 할 수 있다면 시급성을 토대로 그것을 해결할 시간을 정해라[여기서 명심할 것이 있다. 당신의 인식의 장(field of awareness)[7] 안에 들어왔다는 이유만으로, 즉 당신이 자각했다는 이유만으로, 그것이 자동적으로 중요하거나 시간을 다투는 일이 되는 것은 아니다. 그것이 당신의 삶에서 얼마나 중대한지 의식적으로 결정하고 이러한 판단에 따라 주의를 기울여라].

1주일 정도 이 접근법을 따르고 나면, 대개는 흥미로운 패턴이 눈에 들어오기 시작한다. 알고 보니, 당신은 몇 가지 걱정을 계속 반복하는 경향이 있다. 또 생각해 보니, 그러한 일은 걱정해 봤자 이득이 거의 없다. 당신이 걱정하든 안 하든

---

7 장(場)은 학습자의 행동을 일으키는 심리적인 요소로서, 학습자 내에 형성되어 있는 주관적인 인지 능력의 범위나 한계를 가리킨다.

그러한 일은 어차피 변하지 않으니까. 이에 차라리 걱정하지 않는 편이 더 낫겠다는 결론에 이른다. 매일 정해진 시간에 걱정과 주의 분산 요소를 다룰 때의 장점은 또 있다. 불과 몇 시간 전에 아주 중요하고 긴급해 보였던 많은 것이 막상 다루려고 하면 별로 중요하지도 급하지도 않은 것처럼 보이는 것이다. 시간이 경과함에 따라 많은 사안이 저절로 해결되고, 따라서 그러한 것에 대해 전전긍긍하며 시간을 낭비할 아무런 이유가 없다.

☑ 군더더기를 제거한 미니멀리즘 방식으로 학습할 때 우리는 두 가지를 병행한다. 새로운 과제에서 완전히 낯선 20퍼센트를 식별해서 집중하는 동시에 약간의 기존 지식이 있는 80퍼센트를 신중하게 활용한다.

☑ 학습할 때 우리의 뇌가 학습하는 방식을 활용해 보자. 새롭고 특이한 정보를 우리가 이미 완벽히 숙지한 개념과 유의미하게 연결시키면 된다. 먼저, 학습을 새로 시작할 때마다 자신이 이미 아는 것을 망라해 마인드맵을 작성하라. 그런 다음 학습 자료를 훑으며 그것이 어떻게 구성되었는지 전체적인 개요를 파악하라. 마지막으로, 새로운 정보와 기존 정보를 명확하게 이어주는 구체적인 연결고리와 연상을 의도적으로 생성시키고 처음의 마인드맵을 토대로 학습의 진전 상황을 추적하라.

☑ 미니멀리즘 학습은 새로운 정보를 가치에 기반해서 사려 깊고 의식적으로 고려하고, 이것에 어울리는 학습 과정을 능동적으로 구조화하는 것과 관련 있다. 미니멀리즘은 종종 정리정돈을 요구한다. 이것은 어떤 것을 간직하기로 선택하는가와는 관련이 없다. 무엇이 제거되고 무엇이 남는가를 결정짓는 명확성과 목적이 중요하다. 학습 공간, 마인드셋/태도, 루틴, 과정, 습관에서 군살을 덜어내고 다이어트하라. 삶을 둘러보라. 당신의 명시적인 학습 목표에 직접적으로 도움이 되지 않는 것을 제거하라.

☑ 주의와 인식이 누구에게나 가장 가치 있는 자원이라는 사실을 명심하라. 우리는 귀중한 이 자원을 어떻게 '소비'할지 선택할 수 있다. 내가 목표를 향해 확실하게 나아가기 위해 꼭 필요한 최소한의 것은 무엇일까? 이것에 따라 구체적인 조치를 취하라.

☑ 정보 과부하를 최소화하고 싶다면 새로운 정보를 능동적으로 관리하고 우리의 목표와 가치관과 이 정보 사이의 관련성에 대해 숙고해야 한다. 대부분의 데이터는 우리와 관련이 없거나 한물간 구식이거나 정확하지 않거나 부적절하다. 심지어는 완전히 틀린 엉터리 데이터도 많다. 정보 과부하를 예방하는 특급 처방을 따라라. 자신이 무엇을 얼마나 알아야 하는지 지속적으로 확인하라. 그것의 더 깊은 가치를 끊임없이 찾아내라. 정보의 경계를 설정하라. 낮은 자존감이나 두려움이 정보에 압도당한 기분으로 위장하는 때를 알아보는 안목을 길러라.

3

The 80:20 **Learner**

학습하는 법을
학습하라

Shortcuts
to Fluency,
Knowledge, Skills,
and Mastery

무엇을 배우든 마인드셋이 중요하다. 우리의 학습 기법과 접근 법이 마인드셋에 뿌리를 두는 까닭이다. 또한 전반적인 학습 철학과 전략도 중요하다. 3장에서는 우리가 매일 학습할 때 실제로 무슨 일이 벌어지는지 좀 더 자세히 들여다보자. 아울 러 학습 전반에서 가장 효과적인 몇몇 기법과 접근법도 면밀 히 살펴보자.

다섯 시간
법칙

우리가 절대 더 만들지 못하기에 다른 어떤 자원보다 중요한 것이 있다. 시간이다.

하루는 어떻게 채워질까? 동서고금, 남녀노소, 지위고하를 막론하고 누구나 하루는 24시간이다. 생물학적으로 볼 때 대부분의 사람은 하루 6~9시간 잠을 잘 때 능력을 최대한 발휘한다(물론 필요한 수면 시간은 개인별로 차이가 크다). 그리고 정규직의 평범한 직장인은 하루 8~10시간 근무한다. 이처럼 잠자고 일하는 시간을 제하고 나면, 우리가 다른 일에 쓸 수 있는 시간은 7~8시간 남짓이다. 이 시간을 어떻게 쓰는가는 자기 마음이다. 운동, 사교활동, 가사, 자신이나 가족을 위한 용무, 아이 양육, 휴식, 취미, 식사, 몸단장 등에 쓸 수도 있고 새로운 무언가를 배워도 된다.

7~8시간이 많아 보일지도 모르겠다. 그렇다고 치고, 한번 생각해 보자. 하루가 끝날 무렵 그날 하고 싶던 일들을 "시간이 없어서" 못했다고 진심으로 생각한 적이 없는가? 대부분은

이런 경험이 있다. 범인은 빠르다. TV를 보고 스마트폰을 만지 작거리고 다시 TV 앞에 앉고 이메일을 확인하고 집에서 하릴 없이 빈둥거리고 다시 스마트폰 삼매경에 빠지고….

대다수 사람은 매일 자신이 원하는 일에 자유롭게 쓸 수 있는 몇 시간이 있다. 그러나 많은 사람이 그 자유 시간을 아 무 소득도 없는 일에 낭비한다. 솔직히 이러한 일은 거의 휴 식이라고 부르는 것조차 아깝다. 스마트폰을 만지작거리거나 TV 앞에서 보낸 1시간으로 기운과 활력이 재충전된 기분을 마지막으로 느낀 적이 언제였는가?

이번에도 80:20 법칙에 숨어 있는 유익한 아이디어의 도움 을 받을 수 있다. 당신의 하루 일과를 꼼꼼히 살펴보라. 당신 이 진실로 가치 있게 생각하는 무언가를 향해 나아가는 것과 아무 상관 없는 무익한 80퍼센트를 식별하라. 잘 생각해 보라. 집중하고 자제할 줄 알고 삶에서 무의미한 것을 기꺼이 제거 할 의지가 있을 때, 우리는 시간 부자가 된다. 다시 말해, 자신 의 꿈을 위해 쓸 수 있는 시간이 **많다**.

'다섯 시간 법칙'을 시작하라. 이것은 학습과 반성과 깊은 사 고에 매일 1시간을 투자하는 것을 가리킨다. 주말을 제외하고 평일 한 주가 끝날 때 유의미하고 꽉 찬 다섯 시간이 축적된다. 여기에 마법의 20퍼센트를 넣어 계산해 보라. 1년이면 가치가 큰 과제들에 투자한 누적 시간이 1,000시간을 훌쩍 넘는다. 쉽게 비교해 보자. 4년제 학사 학위를 취득하기까지 대략 4,000~6,000시간이 필요하다. 그것도 온전히 강의를 듣는 시간만이다. 이렇게 보면, 1년에 1,000시간이 축적되는 것은 결코 가볍게 볼 일이 아니다. 드러나지 않는 반대급부까지 포함하면 더욱 그렇다. 유해한 활동들에 낭비하지 **않는** 모든 시간을 생각해 보라. 소파와 한 몸이 되어 빈둥거린 1,000시간보다 고부가 가치를 창출하는 1,000시간을 축적하는 것이 백배 천배 낫다.

다섯 시간 법칙은 벤저민 프랭클린(Benjamin Franklin)에게서 영감을 받았다. 프랭클린은 새로운 무언가를 배우기 위해 매일 최소 1시간을 사용했다고 알려져 있다. 특히 그는 독서와 글쓰기에 우선순위를 두었고, 뜻이 맞은 사람들과 독서 토론 모임까지 결성할 정도였다. 오늘날 일론 머스크, 오프라 윈프리, 빌 게이츠 등등 내로라하는 성공한 사람들도 다섯 시간 법칙의 변형된 버전을 실천한다.

교육에 매일 1시간을 투자하는 것만으로도 정신을 자극하고 기술이 향상되며 자기 통제력이 커진다. 처음에는 엄두가 나지 않을 수도 있다. 하지만 일단 반복적인 훈련을 통해 짧은 주의 지속 시간(attention span)을 늘리고 나면 얼마 지나지 않아 자신의 새로운 면을 발견할 수도 있다. 그 1시간을 너끈히 채울 뿐 아니라 심지어 어떤 날은 1시간을 넘길 수도 있는 것이다. 매일 1시간을 할애하는 것 자체가 우선순위를 정하는 하나의 연습이다. 기왕에 1시간만 쓸 수 있다면, 정말로 중요한 것을 선택하고 가능한 효율적인 방식으로 그것을 처리하는 것이 좋다!

다섯 시간 법칙은 집중적인 노력, 신중한 연습, 전략적인 시간 배분을 강조한다. 이렇게 볼 때 이 접근법은 '적을수록 좋다'는 원칙의 결정판이다. 심화 학습과 반성에 한정된 시간을 투자함으로써 삶의 균형을 유지하는 동시에 크게 성장할 수 있다.

여기서 한 가지 주의해야 한다. 학습에 시간을 바치는 것만으로는 충분하지 않다. 생각에 대해 생각하고, 학습에 대해 학습하고, 반성하고, 계획하고, 더 크게 생각하기 위한 별도의 시간도 필요하다. 이 시간을 비행기 제어판(control panel)처럼 생각하라. 당신은 제어판 앞에 앉아 진행 중인 모든 상황을 파악하고 항로를 점검하며 필요에 따라 조정한다.

시간 관리 전략

자신과 약속하고 유연해져라

가장 먼저 자신과 담판을 지어라. 무조건 매일 그 시간을 할애하겠노라 자신에게 선언하고 더는 왈가왈부 마라. 당연히 그 시간을 낼 수 없는 이런저런 이유를 생각해 낼 것이다(다음의 '변명'을 읽어 보라). 그렇지만 아무리 설득력 있게 들린들 이러한 이유는 아무 변화를 만들지 못한다고 스스로에게 말하라. 대신에 하늘이 두 쪽 나도 그 시간을 내겠다고 자신과 약속하라.

심지어 변명도 잘 쓰면 약이 될 수 있다. 당신을 방해한다고 생각하는 것에 대해 역발상으로 우회할 방법을 찾아라.

"난 하루를 마무리할 즈음이면 무언가를 읽을 형편이 안 돼. 눈에 피로가 쌓여 침침해지거든…."

"괜찮아! 아침에 읽으면 되지. 아니면 오디오북을 들어도 좋고."

"그 연습 키트 좋긴 한데 진짜 비싸."

"뭐 괜찮아! 중고로 사. 아니면 저축을 시작하든가. 돈이 모일 때까지 그것 없이 연습할 방법을 찾아봐."

"난 강아지를 산책시켜야 해서 그걸 할 수 없어."

"걱정하지 마! 산책 도우미를 고용하면 고민 끝. 또는 네가 어떤 일을 대신해 주는 조건으로 다른 사람에게 강아지 산책을 부탁해."

내면의 목소리가 "하지만 나는 시간이 없어"라고 속삭일 때, 실은 이것이 "오늘 나는 내가 중요하다고 말했던 것을 우선적으로 처리하지 않았어"라고 말하는 암호라는 것을 알아야 한다.

실험하라

자신을 갈고 닦는 자기 성장은 빡센 상급 교육 과정을 시작하거나 번지 점프를 배운다는 의미가 아니다. 정신적으로 성숙하고 지적인 사람들의 전유물이라는 생각에 톨스토이 소설을 읽거나 체스를 배운다는 뜻도 아니다. 어쩌면 당신은 자기 성장과 발전을 위해 무엇을 해야 하는지 고정관념이 있을지 모르겠다. 그 가정에 도전하는 것을 두려워 마라. 당신이 원하는 것을 성취할 수 있는 **다른** 어떤 방법이 있을지 고민하라.

우연히 성공하는 사람은 없다. 다른 사람의 발자취를 맹목적으로 따라 해 성공할 가능성도 거의 없다. 가끔은 우리가 배워야 하는 가장 중요한 것이 **자신**의 성공이 어떤 모습인가에 대한 선입관을 내려놓는 것이다. 우리 각자는 유일무이한 존재이며 재능과 목표도 남들과 다르기 때문이다.

새로운 것을 시도하라. 순조롭게 진행되지 않으면 약간 다르게 해 보고 어떻게 되는지 보라. 재미와 학습이 별개라는 생각을 버려라! 두렵거나 자신감이 없는 과제는 재구성하라. 그 과제 자체가 하나의 성과나 완벽히 해내야 하는 목표가 되어서는 안 된다. 그것을 재미있는 게임으로 여겨도 좋고, 놀이하듯 가볍게 편하게 시도할 수 있는 무언가로 간주해도 된다. 마지막으로, 잘못된 시도는 없다고 생각하라. 우리가 하는 모든 것은 새롭고 흥미로운 정보를 생산할 뿐 아니라 적절한 마인드셋을 갖추면 배움의 원천이 될 수 있다.

반성하라

실패를 대하는 가장 적절한 태도가 (실패가 학습의 장애물이 아니며 실패도 학습이라는 것을 이해하는 마음 상태) 있다는 것은 이미 알아보았다. 사뮈엘 베케트(Samuel Beckett)[1]의 말마따나 "다시 시도하라. 다시 실패하라. 더 잘 실패하라". 앞으로 나아가면서 매번 더 정교하게(sophisticated) 실패하는 것을 목표로 삼아라.

---

1   아일랜드 태생의 프랑스 극작가로 노벨 문학상 수상자.

실패는 학습 과정의 일부이다. 하지만 실패가 가치 있으려면, 방법은 하나뿐이다. 흙 속에 묻힌 진주를 찾듯, 그것을 파헤쳐 그 안에 담겨 있는 교훈을 발굴할 수 있어야 한다. 이것은 똑같은 실수를 절대 되풀이하지 않는다는 뜻이다.

반성이란 한 발 물러나 자신의 실패와 성공을 돌이켜 보는 것을 말한다. 실패와 성공의 원인이 되었던 자신의 지난 행동을 돌아보는 것에 그치지 말고, 이 통찰을 고려해서 다음에 무엇을 할지 계획을 세워라. 이러한 자기반성의 기술은 자신을 완전히 중립적인 시선으로 바라볼 수 있을 때 완성된다. 판단하지 않고, 부끄러워하지 않고, 의심하지 않고, 오직 호기심의 눈으로 자신을 바라볼 수 있을 때 말이다. 어떤 날은 꼬박 1시간 반성하고 싶을 수도 있고, 또 어떤 날은 단 5분이면 충분할지도 모르겠다. 일기나 일지를 작성해도 좋고, 마음에 걸리는 무언가에 대해 그저 깊이 숙고해도 된다. 우리가 무언가에 대해 생각하는 방식이 '실패'와 '귀중한 학습 경험'의 차이를 만든다.

지식에도
반감기가 있다

무섭고도 불편한 진실이 있다. **세상이 엄청난 속도로 움직이기 때문에, 우리가 그저 현재에 머물고 배우지 못하는 모든 날이 사실은 한 걸음 뒤로 퇴보하는 날이다.** 지금 우리가 아는 모든 것은 시간이 경과함에 따라 점진적으로 업데이트되고 확장한다. 따라서 아무것도 하지 않기로 선택한다면 결과는 빤하다. 우리의 현재 지식과 전문성은 시간이 흐름에 따라 가치가 떨어진다. 요컨대 획득한 기술과 학습의 유효 기간은 영구적이지 않다.

작가인 마이클 시먼스(Michael Simmons)에 따르면, 어떤 학문 분야든 지식의 50퍼센트가 약 10년 내에 보완되거나 업데이트되거나 완전히 틀린 것으로 판명 나 무효화된다. 이것은 분야를 막론하고 오늘날 적절하고 최신 지식처럼 보이는 것의 절반이 아무리 길어도 10년 내에 낡은 구식이 되고 잊힐 거라는 뜻이다. 더 암울한 예언도 있다. 하버드 경영대학원이 발간하는 〈하버드비즈니스리뷰(Harvard Business Review, HBR)〉에 실린 어떤 기사는 오늘날 학위 과정에서 가르치는 기술과 지식의 잠재적인 유통 기한을 대략 5년으로 예상했다.

시먼스는 수학적인 계산을 통해 사람들이 대학에서 배운 전공 지식의 약 5퍼센트가 1년 만에 사라질 거라는 결과를 얻었다. 이는 5년으로 잡으면 25퍼센트 가까이가 사라진다는 뜻이다. 이러한 지식 손실을 메우기 위해서는 1년에 250시간 혹은 5년에 1,250시간의 추가 학습시간이 필요하다. 더욱이 이러한 학습은 그저 자신의 전문 분야에서 관련성을 유지하기 위한 것으로 국한된다. 말인즉, 지금의 자리를 지키기 위해 달리는 셈이다.

무섭게 들린다면, 좀 다른 각도에서 생각해 보자. 우리의 분야에 진입하는 신참자는 우리보다 더 최신의 정보로 무장하고, 스스로를 훈련하고 개발하는 데도 적극적으로 시간을 사용한다. 하나 더, 당신이나 나나 인간의 어떤 숙명에서 벗어날 수 없다. 바로 망각이다. 우리는 자신이 배우는 것의 일부를 망각으로 자연스럽게 잃는다. 이렇게 보면, 사이먼의 지식 손실률이 낮은 추정치일 수도 있다. 대체적으로 이러한 모든 주장이 들려주는 메시지는 명확하다. 1주일에 5시간은 우리가 자신의 분야에서 뒤처지지 않고 관련성을 유지하기 위한 **최소한의 노력**일 가능성이 크다.

물론 모든 사람이 무언가를 배우려는 이유가 경쟁력 있는 전문가적 역량을 원해서는 아니다. 게다가 시간의 구애를 덜 받고 전이성(transferability)이 더 높아 가치의 유효 기간이 훨씬 긴 기술도 일부 **있다.** 그렇지만 지식 자체에 '반감기'가 있다고 생각하는 것이 좋다. 아울러 학습을 하나의 삶의 방식으로 만드는 것이 지극히 타당하다는 사실도 명심하라.

고려사항

당신이 획득하고자 하는 기술과 지식의 궁극적인 가치는 무엇일까? 상황이 변하더라도 당신이 배우는 기술이나 지식의 핵심과 관련해 변하지 않는 것은 무엇일까?

어떤 학문 분야로도 전이할 수 있는 기술과 태도와 습관은 무엇일까? 이러한 기술과 태도와 습관을 어떻게 개발할 수 있을까?

당신의 학문 분야에서 탄생한 혁신에 대해 생각해 보라. 사고 리더(thought leader)[2]는 어떻게 학습하는지 유의해서 보라.

---

2 차별화된 독창적인 아이디어, 독특한 관점, 새로운 통찰력을 통해 특정 분야의 전문가나 리더로 인정받는 개인 또는 회사.

그들은 무엇에 집중하고 어떻게 지식을 배우고 습득할까? 그들을 무작정 베끼는 것이 아니라 그들의 전략을 어떻게 발전적으로 모방할 수 있을까?

아하!
그리고 응?

당신의 학습 목표를 알아맞혀 볼까? 십중팔구는 강좌 또는 과정을 수료하거나 이러닝 모듈(eLearning module)을 끝내는 것이라고 본다.

정말 잘 생각했다! 그런데 문제가 하나 있다. '과정을 수료하는 것'이 사실은 목표가 아니다. 동영상 시청, 오디오 자료 청취 등등 학습에 필요한 모든 활동을 빠짐없이 수행할 수 있지만, 그렇다고 유익한 무언가를 실제로 습득하는 것은 아니기 때문이다. 당신의 목표가 화면 하단의 작은 진행 표시줄(progress bar)이 오른쪽으로 이동하는 것이라면, 또는 과제물에서 합격점을 받는 것이라면, 좋다, 그렇게 하라. 그런데 그것이 정말 학습하는 것과 똑같을까?

이러한 모든 것은—다양한 멀티미디어 교재 학습과 과제 완수 등등—80퍼센트의 일부이지 20퍼센트에 포함되지 않는다.

그렇다면 무엇이 20퍼센트일까? 학습 과정을 아주 단순화시켜 보자. **새로운 무언가를 배울 때, 근본적으로 보면 두 가지 핵심적인 경험을 하게 된다. 새로운 무언가를 이해하거나**("아하!") **벽에 부딪히고 자신이 보는 것을 이해하지 못한다**("응?").

너무 단순하게 들리지만, 대부분의 학습이 결국 이 두 상태로 귀결한다(85퍼센트 법칙을 떠올려 보라. 이 법칙을 다르게 표현하면, 최적의 학습 조건은 "응?"이라고 말하는 비율이 최대 15퍼센트를 넘지 않는 거라고 할 수 있다). 어떤 종류든 교육 과정에서는 핵심적인 이 두 가지를 명심하고, 그 과정이 제공되는 형식에는 신경 쓰지 마라. 예컨대 '동영상 3편 보기'가 학습의 이유가 되어서는 안 된다. 각 동영상에서 중요한 아이디어를 실제로 뽑아내서 이해하고 자신의 목표에 부합하는 방식으로 처리하는 것이 진정한 학습이다.

따라서 학습하는 동안 당신의 마음을 '빼앗는' 아이디어가 있을 때마다 그리고 통찰이 생기고 무언가를 이해하는 "아하!" 순간이 찾아올 때마다 기록하라. 최대한 당신의 언어로 표현하라.

당신이 무언가를 갑자기 이해할 수 있었던 **이유**와 당신이 이 통찰을 얻도록 도와준 것이 무엇이었는지 최대한 포착하라. 동시에 새로운 이 정보를 당신의 모든 기존 지식과 통합하고 당신이 아는 것과 연결시켜라. 이 정보가 당신의 목표와 어떤 관련이 있는지 확인하라. 직접 해 보면 알겠지만, 이러한 아하! 순간이 그 교육 과정이 강조하는 핵심적인 요점과 꼭 일치하지는 않는다.

한 가지 더, 반대의 상황이 벌어질 때도 주목하라. 완전히 혼란스럽고 이해하지 못할 때, 이것도 기록하라. 솔직히 말하면 이것이 더 중요하다. 혼란스러운 이 순간에 어떻게 대처하는가가 당신이 궁극적으로 얼마나 많이 배우는가에 결정적인 영향을 미친다.

답을 알고 싶은 질문도 기록하라. 당신이 놓치고 있거나 논리적으로 납득이 안 되는 것을 식별하라. 당신이 맥락을 놓치는 지점을 정확히 찾아 이것에 표시하라. 그래야 나중에 답을 알게 될 때 (가끔은 인내심을 갖고 기다리면 모든 것이 저절로 드러난다!) 또는 도움이나 지침을 요청할 필요가 있을 때, 이것을 찾아 헤매지 않는다. 이처럼 문제와 사안을 꼼꼼하게 기록하는 것은 훌륭한 전략이다. 이런 기록 자체를 기준점으로 삼아 나중에 자신이 얼마나 배웠는지 쉽게 확인할 수 있어서이다. 2주 전에 어려웠던 질문을 오늘 다시 살펴보고, 자신 있게 해결한다고 생각해 보라. 생각만으로도 짜릿하다.

한 문장으로 요약하라

새로운 자료를 공부하면서 배우는 새로운 모든 개념을 한 문장으로 요약하고 계속 업데이트하는 습관을 들여라. 가장 먼저, 전반적인 내용을 요약하는 문장 하나를 작성하되, 반드시 당신의 언어로 표현하라. (전반적인 내용을 잘 모르면 어떻게 해야 하나고? 뒤집어 생각하면 이것도 의미가 있다. 좀 더 명확히 하는 노력이 필요하다는 징후이다!)

그런 다음, 몇 가지 주요 개념을 식별하고 핵심 아이디어를 담은 한 줄 요약문을 신속히 작성하라. 마이크로소프트 워드나 구글 독스를 사용해 이것을 새로운 용어 해설집 형태로 만들어도 무방하다. 어떤 형태든, 새로운 아이디어나 단어가 나올 때마다 그것의 의미를 가능한 정확히 이해해서 용어집에 추가하라. 학습하는 동안 이 용어집을 계속 살펴보고 정의를 업데이트하라. 당연히 큰 물음표가 달리는 "응?" 개념도 있을 것이다. 그래도 괜찮다. 나중에 "응?"을 "아하!"로 바꿔 줄 답이 나오면 그것을 포착할 수 있도록 능동적으로 읽으라는 일종의 신호라는 것만 명심하면 된다.

이 과정에 대해 너무 걱정하지 마라. **당신의 목표는 완벽하거나 완성된 용어집을 만드는 것이 아니다. 자신의 언어로 정리한 주관적인 정의는 시간이 흐를수록 당신이 핵심 개념을 더 깊이 이해하는지 지속적으로 확인하는 하나의 수단일 뿐이다.** 그 단어가 무엇을 가리키고, 그 단어가 왜 필요하고, 더 포괄적인 맥락에서 그것의 일반적인 의미가 무엇인지 스스로에게 물으면 된다. 학습이 끝나는 시점에서 요약하는 것은 별로 바람직하지 않다. 학습하는 동안 배우는 것을 단순화시켜 압축한 요약본을 만들기 위해 노력하라.

가장 중요한 20퍼센트를 지속적으로 뽑아내려는 행동이야말로 학습의 조력자, 더 정확히는 효율적인 학습의 조력자이다. 무언가를 자신의 언어로 스스로에게 설명할 때 그것을 진실로 이해하고 기억할 가능성이 몰라보게 높아진다. 이처럼 자기 주도적으로 이해하고 통찰을 얻기 위해 노력하는 것은, 누군가가 사전에 만들어 제공하는 요약본으로 학습하는 것보다 훨씬 가치 있다.

상황을 아하/응의 관점에서 재구성하면 어떤 이득이 있을까? 첫째, 주입식의 정해진 과정을 따르며 수동적으로 학습하고 기계적으로 외우는 것이 아니라, 과정에 더 깊이 참여하는 진취적인 마인드셋으로 학습한다. 둘째, 혼란과 어려움을 더는 장애물로 생각하지 않는다. 오히려 혼란과 어려움을 있는 그대로 받아들이고 극복하기 위해 노력한다. 가령 생각나지 않는 것이 있으면 처음의 요약표를 살펴보고 참고하면 된다. 이해하지 못하는 설명이 있으면, 그것을 이해할 때까지 당신만의 설명을 만들어라. 다른 사람을 위해 그럴싸한 해설집이나 교재를 만드는 것이 아니라는 사실을 명심하라. 당신의 용어 해설집과 요약본은 오직 당신을 위한 것이고, 당신의 능동적 학습 과정이 외부로 표현되는 외적 표상(external representation)의 하나이다.

ADEPT 기법

이해하지 못하는 것이 있을 때 기뻐하라. 그리고 그것을 학습 기회로 생각하는 법을 배워라. 막혔을 때 이해의 돌파구를 만드는 데 도움이 되는 기법이 있다. 이름하여 ADEPT 기법이다.

유추(Analogy): 그것이 무엇과 비슷할까?

도표(Diagram): 그것을 어떻게 시각화할 수 있을까?

예시(Example): 그것이 현실에서는 어떤 모습일까? 그것을 직접 경험할 수 있을까?

일반적 의미(Plain English): 그것을 일상적인 언어로 어떻게 쉽게 설명할 수 있을까?

기술(技術)적 정의(Technical Definition): 그것이 공식적인 전문 용어로는 어떤 의미일까?

예를 들어 기계 학습에서 비용 함수(cost function)라는 개념을 배우는 데 아니나 다를까 "응?" 순간에 직면한다고 하자. ADEPT 기법을 사용해 이 상황을 돌파해 보자.

● **유추로 시작하라**: 기계 학습에서 사용되는 비용 함수 개념은 지도에서 거리를 측정하는 것에 빗대어 유추할 수 있다. 실제 거리와 예측 거리 사이의 차이를 측정하는 것과 마찬가지로, 비용 함수는 기계 학습 모델의 실제 출력값과 예측 출력값 사이의 차이를 측정한다. 반대로, 가끔은 무엇과 **비슷하지 않은지**를 묘사함

으로써 획기적인 돌파구가 만들어지는 경우도 있다!

- **도표로 표현하라:** 비용 함수는 어떤 도표로 표현할 수 있을까? 비용 함수 모델의 여러 매개변수(parameter)와 각 매개변수의 수치화된 비용 사이의 상관관계를 보여 주는 그래프가 대표적이다. 이 그래프는 매개변수를 조정하는 것이 비용 함수의 형태에 어떤 영향을 미치고 최적화 프로세스(optimization process)를 이해하는 데 어떤 도움을 주는지 시각적으로 설명한다.

- **예시를 들어라:** 기계 학습으로 주택 가격을 예측하는 프로젝트를 수행한다고 가정하자. 이 프로젝트에 비용 함수를 적용하면, 일단의 주택에 대한 예측값과 실젯값 간의 차이를 구할 수 있다. 또한 이 모델의 매개변수를 반복적으로 조정해 비용 함수의 값을 최소화하고 예측 정확도를 높일 수도 있다. 예시는 본인의 경험과 직접적으로 관련이 있을 때 훨씬 효과적이다. 이 사례에서는 현재 주택을 사거나 파는 계약을 추진 중이거나 부동산 매매 분야에 종사한 이력이 있으면 도움이 된다.

- **간결하고 쉽게 설명하라:** 비용 함수를 알기 쉬운 평이한 언어로 어떻게 설명할 수 있을까? 비용 함수가 예측값과 실젯값의 평균 차이를 측정함으로써 기계 학습 모델의 성능을 수치화한다고 설명하는 것도 하나의 방법이다. 또는 간단히, 비용 함수가 기계 학

습 모델의 정확도를 평가하고 개선하는 데 유용하다고 말할 수도 있다.

- **이해한 내용을 전문 용어를 써서 설명하라:** 비용 함수를 명확히 이해한 다음에는 수학 용어로 설명해도 된다. 가령 비용 함수가 예측값과 실젯값의 평균 제곱 오차(mean squared error, MSE)[3]를 계산한다고 수학적으로 정의하고, 여기에 모델의 여러 매개변수와 훈련 데이터를 포함시킬 수 있다.

보다시피 ADEPT 기법은 두문자어가 나열된 순서를 단계별로 따르는 것이 가장 좋고, 최종적으로는 전문 용어를 사용해 더욱 상세하게 설명한다. 한 걸음 더 나아가, 누군가에게 진짜로 그 개념을 가르치는 시늉을 하면서 ADEPT 기법을 적용해 보길 추천한다. 바보 같아 보일 수도 있겠지만, 효과는 보장한다. 남을 가르치려면 당신은 억지로 속도를 늦추어야 하고 자신이 씨름하고 있는 그 개념의 핵심에 도달한다. 이뿐만 아니라 당신이 이해한다고 생각하는 것만큼 그 개념을 정말로 이해하는지 시험하는 기회도 된다.

교착 상태에 빠진다면, 당신이 그 학생이라고 생각하며 질

---

3   오차를 제곱해 평균화한 것.

문해 보라. "잠깐만요, 그것이 평균 오차가 아니라 평균 **제곱** 오차인 이유는 무엇인가요?" 이처럼 가장 절실한 대답을 찾아 자기 주도적이고 능동적으로 학습할 때, 매순간 자기 한 사람에게 맞춤화된 교과 과정을 만들고 있는 셈이다. 80:20의 관점에서 말하면, 당신은 기존의 교과 과정을 최단거리로 관통하는 최적의 20퍼센트 경로를 만들고 있다. 전략적인 이 경로를 따라가면 과거 어느 때보다 더 신속하고 더 효과적으로 배울 수 있다.

효과가 검증된
학습법으로 학습하라

새로운 무언가를 배울 때 많은 사람이 냅다 달려들며 자료부터 선택한다. 하지만 자료보다 자신의 공부법에 먼저 집중하는 것이 더 합당하다고 본다.

세상에는 공부하는 기법, 방식, 접근법, 철학이 넘쳐난다. 그중에서 정말로 효과적인 것은 무엇이고 피해야 하는 것은 무엇일까? 먼저 80:20 법칙을 적용해 보자. 가능한 모든 학습법 중 20퍼센트 정도가 대부분의 좋은 결과를 책임진다. 습관적으로든, 달리 어떻게 해야 할지 몰라서든, 하나의 접근법이나 기법에 올인하는 것보다, 그 20퍼센트를 선택하기 위해 최선을 다하는 것이 타당하다.

가장 안전한 길은 증거에 기반하는 공부법만 사용하는 것이다. 학습, 암기, 문제 해결 등등의 과정에서 뇌가 실제로 무엇을 어떻게 하는지에 관한 신경과학 분야의 연구가 무수히 많다. 이러한 연구 결과는 뇌의 타고난 능력과 상호작용하는 학습법에 대해 많은 것을 알려 준다.

가장 효과적이라고 입증된 몇몇 학습 전략이 있다. 우리는 효과가 보증된 이러한 전략을 통해, 시간을 절약하고 효율을 높이고 학습 노력이 결과에 미치는 영향을 극대화할 수 있다. 이것은 학습 전략에 있어 선택과 집중으로 이어진다. 지식을 습득하고 기술을 익힐 때 모든 종류의 공부법에 똑같은 양의 노력을 기울이기보다 가장 효과적인 소수의 공부법에 전념하라. 이럼으로써 진실로 중요하고 최상의 결과를 발생시키는 공부법을 우선시할 수 있다. 지금부터 성공을 부르는 몇 가지 학습 전략을 알아보자.

필기

2021년 일단의 연구가가 손글씨와 타이핑의 학습 효과성을 비교하는 연구를 진행했다. **연구 결과, 손으로 필기한 학생들이 키보드로 타이핑한 학생들보다 정보를 더 잘 기억하고 유지하는 것으로 밝혀졌다.** 타이핑은 인지 과부하를 유발하는 듯했고, 지식 유지, 전문 용어의 정확성, 아이디어 연결 능력 모두가 더 낮게 나타났다. 결론은? 학습에는 손으로 직접 쓰는 것이 키보드를 두드리는 것보다 더 유익하다.

손으로 쓰든 타이핑하든, 필기에 도움이 되는 기본적인 요령이 있다.

- 귀를 기울이고 자신의 언어로 필기하라.
- 나중에 정보를 추가할 수 있도록 주요 아이디어 사이에 줄을 띄어 공백을 확보하라.
- 시간을 아끼기 위해 약자와 부호/기호를 사용하는 일관된 체계를 만들어라.
- 완전한 문장이 아니라 구절 형태로 작성하라.
- 중요한 정보는 추출하고 사소한 정보는 무시하는 법을 배워라.

- 궁금증, 질문, 개인적인 의견, 작은 화살표를 추가하거나 주석을 달아라.
- 색상과 기호/부호를 사용하면 아이디어들을 연결하고 조직화하는 데 도움이 된다.

파워 낮잠

어떤 연구 결과에 따르면 대략 45분에서 60분간 낮잠을 자면 기억에서 정보를 인출하는 능력이 급격하게 향상될 수 있다고 한다. 파워 낮잠(power nap)으로 불리는 이것은 뇌를 재설정하는 역할을 하며 하루 중에 발생하는 사소한 문제를 제거하고 전반적인 기능을 강화하는 데 도움이 된다. 세계적인 미래학자이자 작가인 대니얼 핑크(Daniel Pink)는 이른바 카페인 낮잠(caffeine-nap)을 제안한다. 커피를 마신 다음 25분간 짧게 파워 낮잠을 자라는 것이다. 카페인 효과가 나타나기까지 약 25분이 걸리기 때문이다. 하지만 적정한 파워 낮잠 시간은 사람마다 다르기 마련이다. 따라서 자신의 효과성을 극대화할 수 있는 이상적인 파워 낮잠 시간을 실험하고 찾는 것이 중요하다.

낮잠 시간은 그렇다 치고, 낮잠은 언제 자는 것이 좋을까? 집중해서 열심히 공부한 다음에 낮잠을 청해 뇌가 휴식하고 기억을 응고화(consolidation)할 수 있는 여유를 주는 것이 좋다. 말 그대로, 당신이 잠든 사이에 뇌는 새로운 신경 연결(neural connections)을 만든다. 또 다른 비결은 교착 상태에 빠졌을 때 낮잠을 자는 것이다. 낮잠을 자기 전 당신의 무의식적 마음(unconscious mind)에 그 문제를 숙제로 내 준다고 상상하라. 그리고 낮잠에서 깬 뒤에 새로운 관점으로 그 문제를 바라보라. 어쩌면 당신은 마음이 '휴식'하는 동안 무엇을 할 수 있는지에 깜짝 놀랄지도 모르겠다.

간격 반복

일정한 시간을 두고 주기적으로 학습하는 간격 반복(spaced repetition)을 위해서는 암기해야 하는 정보를 반복 복습하는 시간표를 계획해야 한다. 우리 인간은 무언가를 배우고 나서 복습하지 않을 때 24시간 내에 내용의 상당 부분을 망각하는 경향이 있다. 심지어 테스트하거나 복습하지 않으면 3일 뒤에는 배운 내용의 60퍼센트만 남아 있게 된다. 이렇기 때문에 간격 반복이 효과적이다. **복습할 때마다 기억 속에 잔존하는 정보가 증가한다.**

예를 들어 학생이 외국어 단어를 공부한다고 하자. 한꺼번에 모든 단어를 욱여넣는 대신에, 학생은 간격 반복을 따른다. 먼저 약간의 어휘와 정의를 공부하고, 다음날 새 어휘 공부와 병행해서 어제 공부한 내용을 복습하고 연습한다. 학생은 공부 시간마다 새 어휘를 익히고 앞서 공부한 어휘를 복습하는 간격 반복 방식을 지속한다.

학생은 점차 복습하는 간격을 늘린다. 가령 며칠 뒤에 다시 복습하고, 그다음에는 1주일 또 그다음에는 몇 주 뒤에 복습하는 식이다. 반복할 때마다 단어와 단어의 의미가 더 잘 기억된다. 간격 반복 접근법은 정보를 장기 기억으로 유지하는 효과적인 방법이다. 간격 반복을 통해 뇌는 배운 내용을 끊임없이 상기하고 강화하는 까닭이다.

간격 반복의 효과는 누구나 직관적으로 알 수 있음에도, 이 접근법과 완전히 동떨어진 방법으로 공부하는 사람이 많다. 이해력과 이해하는 것이 기억하는 것과 **같은 개념이 아니라**는 사실을 명심하라. 다시 말해, 무언가를 기억에 확실하게 각인시키려면 그것을 수차례 반복해서 연습할 필요가 있다. 이런 점에서 간격 반복은 확실한 장점이 있다. 우리는 간격 반복을 통해 가장 중요한 것을 연습할 수 있는데, 바로 회상이다. 저장된 기억을 불러내는 과정을 자주 반복할수록 쉽게 회상할 수 있다. 마지막까지 복습을 미룬다면 어떻게 될까? 시험을 보는 중에 어떤 사실을 처음으로 회상하려 머리를 쥐어짤지도 모르겠다.

ELI5

이론물리학자 리처드 파인먼(Richard Feynman)이 개발한 유명한 학습법이 있다. 그의 학습법은 단순화가 핵심이다. **파인먼에 따르면, 자신이 아는 무언가를 어린아이에게 설명할 수 없다면 실제로는 자신이 생각하는 것만큼 그것을 깊이 이해하지 못한다.** 파인먼은 적절한 단어들을 앵무새처럼 따라 하는 법을 배운 것이 아니라 더 깊은 근본적인 개념을 이해했는지 판단할 수 있는 방법은 하나뿐이라고 믿었다. 전문 용어는 일절 쓰지 않고 오로지 평이한 어휘로만 단순명료하게 설명할 수 있어야 한다.

파인먼이 즐겨 사용하던 방법이 있었는데, "내가 5살인 것처럼 설명해 봐(Explain Like I'm Five, ELI5)" 기법이었다. 파인먼은 겉표지에 주제를 적은 새 공책에 ELI5 기법으로 복잡한 아이디어를 더욱 단순한 여러 아이디어로 쪼갰다. 이 기법은 기계 학습 같은 어려운 개념을 선택한 다음 유추를 사용해 5살짜리에게 설명한다고 상상하면 된다. 기계 학습은 이런 식으로 설명할 수 있다. "기계 학습은 기계도 우리처럼 공부할 수 있다고 생각하는 거란다. 프로그래머들이 가르쳐 주지 않아도 기계가 스스로 배우는 거지. 기계는 세상이 어떻게 돌아가는지 추측하려고 온갖 종류의 정보를 아주 빨리 살펴볼 수 있어. 또한 자신이 이제까지 추측했던 것도 조사하고 자신이 틀렸던 것에서 유익한 교훈도 얻을 수 있지."

복잡한 개념을 더 쉽게 소화할 수 있는 여러 작은 조각으로 나누면, 이러한 조각이 어떻게 퍼즐 조각처럼 잘 맞춰지는지 더 정확히 이해한다(ELI5 기법이 ADEPT의 유추와 약간 중복된다는 것도 유념하라).

ELI5와 관련 있는 또 다른 접근법으로는, 별도의 정의가 필요한 전문 용어를 철저히 배제하고 설명을 적어 보는 방법이 있다. 예컨대 '기계 학습'이라는 용어를 설명하고자 '인공지능(artificial intelligence, AI)'이라는 용어를 사용한다고 하자. '인공지

능'이라는 용어만으로 '기계 학습'이 무엇인지 **정말로** 설명이
될까? 더는 전문 용어를 쓰지 않고 '인공지능'을 정의하려면,
인공지능을 설명하는 근원적인 개념들을 신속하게 이해해야
만 한다. 이로써 당신은 보여 주기식 학습법을 터득하는 것이
아니라 진정한 의미의 학습을 할 수밖에 없다!

교차 학습

교차 학습(interleaving, 인터리빙)**은 주제나 기술을 한 번에 하나씩 집
중하는 것이 아니라 여러 주제나 기술을 섞어 교차로 학습하는
기법이다.** 각 주제를 떼어서 개별로 학습하는 것보다 이 접근
법이 더 효과적이라는 것은 증거로 입증되었다. 가령 수영을
배울 때 교차 기법을 적용해 자유형, 평형, 배영을 번갈아 가
며 연습해도 된다.

 일단의 연구가가 직접 학습 현장으로 나가 교차 학습을 연
구했다. 연구가들은 학생들에게 대수학과 기하학 질문을 교차
로 나열한 숙제를 내주었다. 한 달 후 교차 기법을 사용한 학
생들과 한 번에 주제 하나를 공부하는 전통적인 접근법을 따

른 학생들의 학업 성취도를 비교했다. 앞의 실험군 학생들의 학업 성취도가 76퍼센트 더 높은 것으로 나타났다.

교차 학습을 통하면 우리는 학습 내용을 더 잘 기억하고 이해하는 것에 더해, 학습 과정에 다양성도 추가할 수 있다. 코딩 학습에서는 CSS, HTML, 자바스크립트를 동시에 배우고, 관리자 교육 프로그램에서는 대인 기술, 조직화 기술, 관리 기법을 번갈아 다루고, 그림을 배운다면 인체 해부학, 명암 기법, 채색을 교차로 공부하면 된다. 이렇게 여러 주제를 교차로 학습함으로써 학습 성과가 향상되고 우리는 학습 경험에 더욱 몰입할 수 있다.

최적의 학습 환경을 조성하라

최적의 학습 환경을 만들기 위해 몇 가지 고려할 사항이 있다.

조명: 학습 공간에는 자연 채광이 바람직하다. 이는 연구 결과가 뒷받침해 준다. 어두운 곳보다 조명이 밝은 환경에서

학생들의 학업 성취가 25퍼센트 더 높다고 한다. 따라서 최적의 학습 환경을 원한다면 창가 가까운 곳이나 햇빛이 잘 들어오는 곳을 선택하라.

색상: 색상은 우리의 기분과 마인드셋에 영향을 미칠 수 있다. 파랑은 차분하게 진정시키는 효과가 있고, 빨강은 열정을 부추기며, 노랑은 생산성과 행복을 증진시킨다. 자신의 선호도를 토대로 자신의 학습 능력에 적합한 색상을 찾아라. 더 나아가, 색채 심리학자와 상담해 전문적인 지침을 얻는 것도 좋다.

정리정돈: 어수선한 환경은 주의를 분산시키고 학습에 방해가 될 수 있다. 카네기멜런대학교(Carnegie Mellon University)가 실시한 어떤 연구를 보면, 깨끗하고 잘 정돈된 교실에서 공부하는 학생들이 주의가 덜 분산되고 과제에 더 오래 집중하며 더 효과적으로 배운다고 한다. 학습 공간을 정리정돈해 집중력과 인지 능력을 최적화하라.

니모닉

니모닉은 기억력을 향상시키고 정보를 기억에 저장하고 유지하는 데 탁월한 효과가 있다. 자신만의 니모닉을 만드는 과정은 세 단계로 이뤄진다. 먼저, 정보나 개념처럼 기억하고 싶은 것을 구체적으로 식별하라. 그런 다음, 이것을 처리하기 쉬운 여러 부분으로 나누고 확실히 이해하라. 마지막으로, **이것과 당신에게 익숙한 무언가와 이어주는 연결고리나 양식이나 연상**을 찾아라. 생생하게 상상하거나 시각화함으로써 자신이 만든 니모닉과 정보를 결합시키는 마음속 그림, 즉 심상(心象, mental image)을 생성시켜라. 자신에게 의미 있는 요소를 주입해 니모닉을 온전히 자신의 것으로 만들어라. 니모닉은 회상 과정을 촉진할 수 있도록 단순하고 간결해야 한다. 또한 기억을 효과적으로 보조할 수 있게 연습을 통해 니모닉을 테스트하고 수정하라. 꾸준히 연습하고 자신의 필요에 맞춰 조정하면, 니모닉은 다양한 학습 영역에서 강력한 암기 도구가 될 수 있다.

재미있는 여러 니모닉이 있다. "My Very Easy Method Just Speeds Up Naming Planets"[4](태양계 행성의 순서를 외우는 데 도움이 된다). '디저트(dessert)'에 s가 두 개인 이유는 "디저트는 언제나 두 개를 먹기 때문이다". 수학의 연산 순서를 외울 때

---

4 직역하면 "내가 사용하는 아주 쉬운 방법은 행성에 이름을 빨리 붙이는 것이다"라는 뜻이다. 각 단어의 첫 글자가 순서대로 Mercury(수성), Venus(금성), Earth(지구), Mars(화성), Jupiter(목성), Saturn(토성), Uranus(천왕성), Neptune(해왕성), Pluto(명왕성)를 의미한다.

는 PEMDAS("Please Excuse My Dear Aunt Sally")[5]를 기억하라.

기억 궁전 기법

기억 궁전 기법(memory palace technique)은 일종의 시각적 니모닉이다. 하지만 아주 효과적이기 때문에 독립적인 학습 전략으로서의 가치가 충분하다. 가령 펜, 사과, 책, 열쇠를 기억하기 위해 이 기법을 사용해 보자. 먼저 당신의 집을 기억 궁전으로 선택한다. 각각의 물건을 집안의 특정 장소에 할당하고, 그런 다음 이미지나 감정 등등의 단서를 통해 그것을 연결시켜라. 방법은 다음과 같다.

- 현관부터 시작하라. 대형 펜이 현관문에 형형색색의 그림을 그린다고 상상하라.
- 거실로 들어가니 여기저기 베어 문 흔적이 있는 거대한 사과가 소파 위에 나뒹군다고 상상하라.

---

5 직역하면 "나의 사랑하는 샐리 이모를 용서해 주세요."라는 뜻이다. PEMDAS은 Parentheses (괄호), Exponents(거듭제곱의 지수), Multiplication(곱셈), Division(나눗셈), Addition(덧셈), Subtraction(뺄셈)의 첫 글자로 만들어졌다.

- 이제 주방으로 가자. 조리대 위에 커다란 책이 있고 애플파이 만
  드는 법을 소개하는 페이지가 펼쳐져 있다고 상상하라.
- 마지막으로, 안방 문손잡이에 반짝이는 커다란 열쇠가 매달려 있
  다고 상상하라.

당신의 기억 궁전에서 특정 장소에 있는 생생하고 과장된 이
미지와 각 물건을 연상시킴으로써 기억하기 쉬운 연결고리가 만
들어진다. 마음속으로 당신의 집을 돌아다닐 때 그 물건들과
순서를 쉽게 회상할 수 있다. 현관에는 펜, 거실에는 사과, 주
방에는 책, 안방에는 열쇠. 이 기법의 잠재력은 실로 막강하다.
자신의 집 구조를 까먹을 일은 절대 없을 테니까. 따라서 아주
생생한 연상결합을 만들면, 겉으로는 아무 노력을 하지 않는
것처럼 보이는데도 막대한 양의 정보를 회상할 수 있다. 심지
어는 몇 년이 흐른 뒤에도 그 정보를 회상할 가능성이 있다.

뇌를 쉬게 하라

스트레스와 압도감은 뇌의 기능을 셧다운(shut down, 일시 정지)

시킬 위험이 있고, 이는 집중력 감소와 학습 저하로 이어진다. 이런 사태를 미연에 방지하려면 **학습 루틴에 뇌가 쉴 수 있는 휴식 시간과 회복 활동을 포함시키는 것**이 절대적으로 중요하다.

뇌에 휴식을 주는 효과적인 방법 하나는 명상이다. 몇 분 명상만으로도 마음이 안정되고 스트레스가 줄어들며 집중력과 주의력이 높아질 수 있다. 에센셜 오일(방향유), 온수 목욕, 근육을 이완시키는 스트레칭도 명상과 같은 효과가 있다. 이뿐만 아니라 산책을 하거나 타임 블로킹(time-blocking)[6] 기법을 적용해 하루 일과에 규칙적인 휴식 시간을 배정하는 것도 재충전하고 집중력을 되찾는 데 유익하다.

학습 루틴에 이러한 회복 활동을 포함시킴으로써 뇌의 피로를 줄이고 휴식의 질을 높이며 효과적으로 학습하는 최적의 환경을 조성할 수 있다. 하지만 뭐니뭐니 해도 핵심은 '뇌의 스위치를 끄는 것'이다. 휴식이 끝난 뒤에 해야 하는 일로 휴식 시간에 스트레스를 받아 봤자 달라지는 것은 없다!

---

6   하루 일과를 일정한 시간 단위로 나누어 각 시간대에 특정한 활동을 할당하는 시간 관리 기법.

프로테제 효과

누군가를 가르치는 것이 어째서 효과적인 학습법이 될 수 있는지 이미 알아보았다. 잠시 기억을 되살려 보자. 이것은 우리가 속도를 늦추고 맹점을 발견하고, 우리가 이해할 필요가 있는 핵심 개념을 철저히 탐구하도록 도와준다. 이것이 바로 프로테제 효과 (protégé effect)[7]이다.

이뿐만 아니라 누군가를 가르칠 거라는 기대조차 학습 효과성을 촉진한다는 연구 결과도 있다. 이런 기대로 말미암아 우리는 시험 통과가 아니라 지식 나눔에 집중하는 것으로 마인드셋이 재설정된다. 이는 다시, 우리가 학습 내용을 외부화 (externalization)[8]하고, 학습 내용에 더 깊이 빠져들게 만든다. '학생들'이 궁금해할 만한 잠재적인 질문을 예상하고, 이러한 질문의 답을 알아내라. 학습 자료를 실제처럼 가르치는 모의 수업을 통해 가르치는 경험을 시각화하며, 심지어 크게 소리 내어 말하라.

---

7 공부한 내용을 다른 사람에게 가르치면서 본인이 더 많이 배우는 현상을 말하며 프로테제는 제자나 후배를 가리킨다.
8 암묵적 측면에서 명시적 측면으로 변환하는 것으로 외재화, 표출화로도 불린다.

분산 연습

분산 연습(distributed practice) 기법으로 학습을 강화하라. 장기간에 걸쳐 학습을 여러 시간으로 분산하는 이 기법을 통해 동일한 공부 시간으로 더 많은 것을 얻을 수 있다. 분산 연습은 학습의 효과성을 증가시키고 학습에 의미를 더해 준다. 핵심은 한 번의 긴 학습 시간으로 정보를 습득하는 대신에 시간 간격을 두고 짧은 학습 시간을 여러 차례 반복하는 것이다. 이렇게 하면 공부하는 전체 시간은 동일해도 휴식하고 학습한 내용을 처리하고 응고화하는 시간이 많아진다. 게다가 간격 반복 기법을 연습하는 자연스러운 기회까지 제공한다.

강의를 예로 들어 보자. 먼저 강의 중에 내용을 포괄적으로 필기하라. 강의가 끝날 때마다 정확성을 높이고 세부적인 부분을 보완하기 위해 몇 분간 필기 내용을 검토하고 수정하라. 처음에는 강의가 끝날 때마다 한두 차례 검토하는 것을 목표로 한다. 그런 다음 공부 간격을 점차 늘려 매일 복습하기 시작해서 최종적으로는 1주일에 세 번 복습하라.

효과적인 학습 전략의 대미를 장식하기 전에, 한 가지 생각해 보자. 기억력이나 이해력을 증진시키지 **못하는** 공부법은 무엇일까? 처음부터 끝까지 교과서를 죽 읽는 것이 대표적으로 그릇된 공부법이다. 무턱대고 중요한 구절에 형광펜이나 밑줄로 표시하는 것도 비효과적인 공부법의 하나이다. 나중에 복습할 수 있도록 이러한 부분을 자신의 언어로 취합해 요약하지 않는다면, 하나 마나 한 행동이다. 그렇다면 어떻게 해야 할까? 능동적으로 읽어라. 학습 자료와 적극적으로 '상호작용' 하고 여백에 메모를 하고 궁금증과 질문을 적어라.

학습 기준을 설정하라

정규 교육 과정에서는 학생이 언제 '통과'하는지, 충분한 진전을 이루었는지 여부를 결정하는 것은 교육자의 몫이다. 말하자면 그들이 학습의 문지기 역할을 한다. 따라서 그 문을 통과하기 위해 학생은 무엇이든 그들이 원하는 것을 해낼 방법을 알아내야 한다!

하지만 자기 주도적인 성인 학습자는 다르다. 우리가 자기 주도적으로 학습할 때 결정권은 누구에게 있을까?

    직장 동료?

    경쟁자?

    우리 분야의 리더?

    미래 고용주?

    부모님?

    어릴 적에 "너는 커서 뭐가 되려고 이러니?"라고 말했던
사람들?

    성인 학습자로서 자신의 '통과' 여부를 결정하는 사람은 단
한 명, **자기 자신**이다.

    전통적인 교육 환경에서 '학습 기준'은 학생이 교육의 특
정 단계에서 무엇을 알아야 하고 무엇을 할 수 있어야 하는지
를 간결하고 명확하게 설명한다. 학습 기준은 교육자가 수업
을 설계하고, 교수 전략(instructional strategy)을 수립하기 위한
지침을 제공한다. 교사는 수업 내용에 대한 학생의 이해도와
발달 수준을 면밀히 파악하면서도 그들을 평가하고 순위를 매
길 방법을 찾기 위해 끊임없이 노력한다. 특히 학생의 수업 이
해도와 발달은 정량화하기가 어려운 것으로 악명이 높다.

자기 주도적 학습자로서 가장 먼저 알아야 하는 것은 자신이 자신의 학습을 책임진다는 사실이다. 이는 자신의 학습 기준도 스스로 선택하게 된다는 뜻이다. 학습 기준을 설정하는 것은 권한을 부여하고 명확화하는 단계가 될 수도 있다. 자신이 학생이자 선생님으로 '1인 2역'을 수행하는 까닭이다. 자신의 목표를 설정하고 포부를 결정하는 것도, 무엇을 달성하고 싶고 그것을 어떻게 달성하고 싶으며 학습이 **자신**에게 정확히 어떤 의미인지 정의하는 것도 자신의 몫이다.

하지만 이러한 권한의 이면에는 책임감이 자리한다. 혼자서 책임지므로 우리는 학습 여정에서 **모든** 것에 주인의식을 가져야 한다. 여기에는 필요할 경우 자신에게 엄격해지는 것도 포함된다! 자신의 가치관, 원칙, 자신과의 약속을 지키는 것은 누구도 우리를 대신해 주지 못한다. 목표가 너무 쉬운지 아닌지 누구도 우리에게 말해 줄 수 없다. 우리의 학습 여정에 개입해서 자제력의 고삐를 더 조이라고 아무도 우리에게 충고하지 않는다.

처음에는 학습에 대한 책임을 혼자서 짊어지는 것이 어려울 수도 있다. 이는 초창기의 교육 경험 때문이다. 그 시절 우리 대부분은 학습 경험을 통제할 힘이 없었다. 게다가 학습과 교육에 관한 고정관념에 사로잡혀 있었을지도 모르겠다. 우리가 학습하고 교육을 받는 것은 외부적인 이유에서, 즉 외부 기준을 충족시키기 위해서라는 인식이 머릿속에 단단히 박혀 있지 않은가? 그러나 외부적인 지표와 표준화된 평가에 의존하면 내용을 깊이 이해하고픈 동기가 부여되지 않을 위험이 크다. 또한 **목표를 알려 주는 표시**와 **목표 자체**를 동일시하고 싶은 마음도 있다. 예컨대 책을 끝까지 읽은 것을 자신이 목표를 달성했다는 표시로 생각하는 식이다. 하지만 목표는 마지막 페이지에 도달하는 것이 아니었다. 그 책에서 발견한 내용을 흡수하고 적용하는 것이 목표였다.

부실하거나 혼란스럽거나 낮은 기준을 설정하는 것, 또는 남의 기준을 베껴 그대로 사용하는 것은 되레 학습을 저해할 수 있다. 자칫하면 잘못된 것에 가장 먼저 집중할 가능성도 있다. 다른 누군가의 기준을 사용하거나 심지어는 기준을 아예 설정하지 않는다면 어떻게 될까? 학습 자체가 아니라 학습 과정을 관리하기 위한 온갖 활동을 숙달하기 위해 노력한다.

걱정하지 마라. 우리에게는 80:20 법칙이 있다. **당신이 실제로 새로운 지식을 배웠고, 새로운 기술을 숙달했음을 증명하는 핵심적인 20퍼센트가 무엇인지 스스로에게 물어라.** 이것과 관련해 표준적인 점검표는 기대하지 마라. 없다. 당신이 스스로 성찰해야 한다. 자신이 정말로 학습했는지 여부를 결정하는 기준으로 사용할 징후와 지표를 스스로 결정하라. 다행히 여기에 도움이 되는 몇 가지 표적화된 질문이 있다.

당신이 삶에서 추구하는 가치와 원칙은 무엇인가? 이러한 가치와 원칙이 당신의 학습 목표와 기준 일부에 영감을 줄 수 있을까? 가령 개성과 진정성이 삶의 중요한 가치라고 생각한다면, 이것은 기술을 배우는 목표와 관련해 또 다른 결정으로 이어진다. 그 기술을 숙달한 사람을 단순히 모방하는 것이 아니라, 그 기술을 확장하고 독창적인 자신의 아이디어를 표현하기 위해 그 기술을 사용하는 것이 목표가 된다.

당신이 숙달하고자 하는 그 기술에 이미 정통한 누군가를 생각해 보라. 그들이 힘들이지 않고 쉽게 해내는 구체적인 행동은 어떤 것인가? 행동에 초점을 맞추는 것은 정말 중요한 것에 집중하는 좋은 방법이다. 모호하고 추상적인 목표와 기준보다는, 실행 가능하고 현실에서 쉽게 볼 수 있는 구체적인 목표와 기준이 더 가치 있는 법이다. 이러한 목표와 기준에 초점을 두어라.

자신감 대 대담함의 이상적인 비율을 생각해 보라. 새로운 무언가를 시작할 때 얼마간 무서운 것은 지극히 정상이다. 무의 상태에서 시작하면 실패하거나 난처한 상황에 놓일 약간의 위험이 늘 따라오니 그렇다. 정말로 준비가 되지 않은 상태에서 커다란 도전을 감행했다가 자신감에 생채기를 입고 싶은 사람은 없다. 그렇다면 상처받지 않도록 두꺼운 마음의 갑옷으로 완전 무장하고 충분한 능력을 갖추었다고 생각할 때까지 마냥 기다리며 도전을 미루어야 할까? 이것도 답이 아니다. 그날은 영원히 오지 않을 것이다. 공은 당신 손에 있다. 자신의 안전지대에서 빠져나와 믿음을 갖고 과감히 도약할 준비가 되는 시점이 언제인지 스스로 결정하라. 새로운 과제는 모름지기 겁날 정도로 도전적이어야 한다. 하지만 의욕이 사그라지고 무기력해질 정도로 도전적이어서는 안 된다. 자신의 내면을 들여다보고 자신에게 이 한계점이 어디인지 솔직하게 판단하라. 부담스럽지 않으면서도 생산적인 도전 수준을 식별하라.

학습 철학을
만들어라

양자 역학이 어떻게든 삶에 보탬이 될 거라는 생각에 복잡한 대중 과학(pop science) 도서와 간행물을 닥치는 대로 섭렵하는 가? 아서라, 당장 그만둬라. 그러한 이론을 주창한 사람들의 **마인드셋과 철학**을 탐구하는 것이 더 낫다. 위대한 혁신가의 지적인 결과물을 단순히 외우려 힘 빼지 마라. 그들이 **어떻게** 혁신할 수 있었는지 살펴보고, 그것이 당신의 삶에 어떤 의미인지 확인하라. **요컨대 다른 누군가의 학습 경험을 냉큼 주워 먹지 말고 자신만의 학습 경험을 창조하라.**

알베르트 아인슈타인, 리처드 파인먼, 어니스트 러더퍼드 (Ernest Rutherford), 닐스 보어(Niels Henrik David Bohr) 같은 위대한 물리학자들은 유명해지려고, 돈을 벌려고, 자아를 팽창(ego inflation)[9]시키려고 평생의 과업을 시작하지 **않았다.** 이들 지적인 거인의 공통점은 각자 지혜와 숙달에 이르는 자신만의 유일무이한 길을 개척했다는 점이다. 더욱이 그들의 노력은 피상적인 수준을 훨씬 초월했다. 아인슈타인의 유명한 발언을 보자. "인간에게 진정으로 가치 있는 것은 딱 하나, 직관뿐이다. 발견의 여정에서 지성이 하는 일은 거의 없다." "인간에게 허락되는 가장 위대한 경험은 신비이다." 파인먼은 "자연의 상

---

9   자기 중요성, 우월감, 자기 가치에 대한 과장된 감각을 말하며 부풀려진 자아(inflated ego)나 과대성(grandiosity)으로도 알려져 있다.

상력은 인간의 상상력을 크게 능가한다"고 말했다. 아이작 뉴턴의 말도 새겨듣자. "세상이 나를 어떻게 보는지 나는 모른다. 하지만 나는 내가 바닷가에서 노는 소년이라고 늘 생각했다. 가끔씩 평범한 것보다 조금 더 매끈한 조약돌이나 조금 더 예쁜 조가비를 찾으며 노는 아이 같다고. 그러는 내 앞에는 누구도 발견하지 못한 미지의 진리가 가득한 망망대해가 펼쳐져 있었다."

이렇게 생각하는 사람은 자신의 학습 방식과 기준을 다른 누군가가 정하도록 내버려두지 않는다. 오히려 가장 깊고 가장 심오한 수준에서 자신의 학습에 관여한다. 이런 사람에게는 학습 자체가 학습의 목적이다. 학습은 그 자체로 더 작게 쪼갤 수 없는 근원적이고 절대적인 가치를 지닌 아름다운 것이기 때문이다. 그들은 눈부시도록 복잡한 삶이 미치도록 궁금하고 진리와 그 진리에 관여하는 기쁨을 갈구하기 때문이다. 요컨대 **학습**은 시험 성적이나 채점 기준표의 평가 항목에 담을 수 있는 것이 아니다!

당신의 학습 철학은 무엇인가?

위인들의 명언에 영감을 받아 당신 안에서도 무언가가 불붙을 수 있다. 하지만 학습하고 성장하고 숙달의 경지에 오르고 싶은 가장 깊은 이유와 목적은 당신이 직접 찾아야 한다. 기준이나 기대치를 높게 잡아라! 규칙을 만들어 반드시 지켜라. 자신의 교육 여정에 지침이 되는 주요 원칙을 더 미세하게 조정하도록 도와주는 열 가지 아이디어가 있다.

- 이 개념을 직관적이고 일반화된 유추로 설명할 수 있을까? 이 유추는 내가 문제를 해결하도록 도와줄까?
- 이 개념을 다른 사람에게 설명할 수 있을까? 나는 사물(thing)과 그것을 나타내는 상징(symbol)의 차이를 정말로 이해했을까?
- 몇 달 혹은 몇 년 뒤에도 핵심적인 아이디어를 기억할까?
- 이 내용을 앵무새처럼 달달 외운 걸까? 아니면 이해한 것일까?
- 이 주제에서 재미있는 무언가를 찾을 수 있을까? 시간이 흐르면 그것의 95퍼센트를 잊을 수밖에 없는데 그러고 나면 다시 예전으로 돌아갈까?
- 이 개념이 무엇이든 의미 있는 방식으로 내 삶과 실제로 연결될까?
- 충분히 도전하는가?
- 더 많이 하고/더 멀리 가기 위해 누군가의 허락을 기다리고 있는가?
- 학습을 양적으로 늘리는 것이 아니라 질적인 변화를 만들고 있는가?

예를 들어 당신이 다시 공부해 의사가 되기로 목표를 정했다고 하자. 당신은 기다란 목표 목록을 만들고, 목표는 아래로 내려갈수록 점점 어려워진다. 결국 최종 목표는 의대를 졸업할 때 희망하는 전문 분야의 의사 면허를 취득하고, 이 분야와 관련 있는 모든 단체에 가입하며, 의대에서 배운 명확히 정의된 방식으로 의료 서비스를 제공하는 것으로 귀결된다.

당신 앞에는 과제 제출, 임상 실습, 지도교수와 공동 연구, 의료 표준 준수 등등 해야 하는 일이 산적해 있다. 당신은 이러한 모든 일을 해결하는 데 급급하다. 그 바람에 고난의 행군 같은 이 과정 어딘가에서 이 모든 일을 **왜** 하고 있는지 근본적인 이유를 잊고 만다. 이제 당신은 모든 것을 중단하고 학습 여정을 되돌아보며, 이 모든 학습이 정말로 무엇을 위한 것인지 스스로 상기한다. 마침내 당신이 흡수해서 당신의 가치 체계를 토대로 옥석을 가리고 유의미한 방식으로 적용할 때까지는 학습이 무의미하다는 것을 이해한다. 성적과 자격증은 자전거의 보조 바퀴와 같다. 학습의 진짜 핵심은 이러한 학업 성취물을 훨씬 초월하고 보조 바퀴를 떼어낼 때 드디어 빛을 발

158

하기 시작한다.

진정한 의사를 꿈꾸는 의대생이라면, 더 고귀하고 포괄적인 학습 기준이 무엇인지 깨달을 수도 있다. 세상에서 선(善)을 행하고 고통을 줄이기 위해 최고의 의술을 펼치는 것이다. 이것을 자신의 궁극적인 교육 기준으로 고수하는 학생은 '우등생'을 목표로 하는 학생보다 매순간 더 효과적이고 더 정교한 학습 경험을 만들게끔 되어 있다.

☑ 학습 마인드셋이 중요하다. 이것이 우리의 전반적인 학습 철학과 접근법을 결정하고, 우리가 실제 사용하는 기법을 좌우한다.

☑ 시간은 가장 중요한 자원이다. 우리는 자신이 시간을 어떻게 소비하는지에 면밀한 주의를 기울여야 한다. '다섯 시간 법칙'은 귀중한 시간을 관련 없는 활동에 허비하지 말고, 매일 최소 1시간은 메타학습(meta-learning), 반성, 깊은 사고에 투자하라고 말한다. 그 시간을 반드시 지키고 자신이 그 시간을 어떻게 쓰는지 실험하라. 세상이 너무 빨리 움직이므로 우리는 그저 관련성을 유지하기 위해서라도 지속적으로 배울 필요가 있음을 이해해라.

☑ 새로운 학습 자료의 형식에는 일절 신경 쓰지 말고, 당신이 새로운 무언가를 배우는지("아하!") 아니면 벽에 부딪혔는지("응?")에 초점을 맞춰라. "아하!"와 "응?" 순간을 빠짐없이 기록하고, 그것들을 직접적으로 다루어라. 동시에, 배우는 모든 새로운 개념을 한 문장으로 요약하고 필요할 때마다 수정하고 업데이트하는 습관을 들여라. 어려운 개념을 만날 때는 ADEPT 기법을 사용해 더 깊이 더 정확히 이해하라. 각 개념에 대해 유추, 도표, 예시, 일반적 의미, 기술적 정의를 순서대로 찾아라.

☑ 공부법의 단 20퍼센트가 공부 결과의 80퍼센트를 발생시킨다. 따라서 능동적 읽기와 필기, 간격 반복, 분산 연습, 교차 학습, 규칙적인 휴식, '기억의 궁전 기법' 같은 니모닉 등등 증거로 입증된 접근법을

사용하라.

☑ 자기 주도적인 학습자는 무엇이 왜 가치 있는지 명시하는 외부 기준
을 찾기보다 자신만의 학습 기준과 학습 철학을 만든다. 자신의 목
표를 설정하고, 자신의 지표를 사용해 그 목표를 측정하라. 이렇게
하면 학습자로서 우리는 세 마리 토끼를 다 잡는다. 효과성, 정교함,
회복탄력성이 동시에 높아진다.

4

The 80:20 Learner

80:20
법칙으로
문제를 해결하라

Shortcuts
to Fluency,
Knowledge, Skills
and Mastery

80:20 법칙은 우리가 가장 중요한 목표가 무엇인지, 이 목표를 달성할 가능성을 가장 높여 주는 과제가 어떤 것인지, 이러한 과제를 최대한 능력을 발휘해서 하고 싶을 때 어떤 마인드 셋을 채택해야 하는지 식별하도록 도와준다. 이 법칙은 정말 **어디서나** 성립한다. 또한 삶의 군살을 없애라고, 사소하고 세부적인 것에 주의를 기울이지 말라고, 배우고자 하는 것의 핵심과 그것을 배우려는 이유를 규칙적으로 확인하라고 끊임없이 상기시킨다.

앞서 말했듯, 우리는 바위처럼 단단한 자신만의 목표와 학습 철학을 설정해야 한다. 일단 이러한 목표와 학습 철학이 정립되어 있으면 **학습 여정에서 나타나는 모든 문제와 장애물을 전반적인 학습 전략을 점검할 기회로 재구성할 수 있다.** 80:20 법칙은 우리가 다음의 질문에 대한 명쾌한 답을 찾도록 도와줄 수 있다. 내가 지금 하는 일이 잘되고 있을까?

파레토 법칙은 우리의 의사결정을 도와주는 특급 도우미이다. 이 법칙의 핵심은 결과의 대략 80퍼센트가 노력의 20퍼센트에서 나온다는 것이다. 이는 효과성을 높이고 싶다면 최대한의 결과를 가져다주는 기법과 연습법을 식별해서 여기에 집중할 필요가 있다는 뜻이다.

학습 경험을 어떻게 평가할까

학습 과제, 교육 과정, 프로젝트 등등을 끝냈을 때 가장 먼저 어떤 기분이 들까? 대개는 안도감이 들기 마련이다. 휴, 무사히 끝냈어! 이제 좀 쉬자.

아니, 아직 끝나지 않았다! **학습 과정은 마감 시한을 맞춘 뒤**

에도, 시험을 본 뒤에도, 목표를 달성한 뒤에도 계속된다. 우리는 학습 과정 자체를 평가할 필요가 있다. 이렇게 하면 '학습하는 법을 학습'할 수 있다.

"학습 과정이 어땠나요?"라는 질문을 받는다면 어떻게 대답하겠는가?

5학년 초등학생에게 학급 생활이나 수학 수업을 어떻게 생각하는지 물어보면 보통은 이런 식으로 대답한다.

"담임선생님이 싫어요."

"교과서가 너무 지루해요."

"기하학을 왜 배워야 하는지 정말 모르겠어요!"

"쪽지 시험에서 B를 받았어요."

이러한 대답 각각은 사실상 학습 과정의 아주 작은 부분만 다룰 뿐이다. 어쩌면 수업의 실질적인 진행 방식에 대해 약간 언급할지는 모르겠다. 그렇다면 수업 내용을 얼마나 잘 흡수했는지는? 어째서 흡수했고 어떻게 흡수했는지는? 이런 부분에 대해서는 이렇다 할 말을 하지 않는다. 초등학생만이 아니다. 예컨대 당신이 온라인 강좌를 수료했는데 강좌에 대한 반응이 플랫폼이 마음에 안 들었다거나 강사의 목소리가 거슬렸다는 게 전부라면? 이때도 사정은 비슷하다. 당신은 학습 과정에 대한 진정한 통찰을 얻을 기회를 놓쳤다.

우리는 학습 경험을 관찰하고 돌아보며 반성할 때 학습 전략을 다듬고 시간과 노력을 더욱 효율적으로 분배할 수 있다. 이렇게 하려면 단순히 "좋은 경험이었어"라거나 "통과했어"라고 말해서는 안 된다. 그 이상이 필요하다. 자기 평가를 위해서는 분별력과 자기 인식력이 더 요구된다. 그래야 학습 과정을 최적화하고 가장 생산적인 기법에 초점을 두며 궁극적으로 학습 여정에서 더 나은 결과를 얻는다.

학습을 스스로 평가할 수 있는 좋은 방법이 있다. 커크패트릭 모델(Kirkpatrick Model)이다. 1954년 도널드 커크패트릭(Donald Kirkpatrick)이 개발한 이래로 이 모델은 훈련 프로그램과 이러닝 강좌를 포함해 다양한 교육 이니셔티브의 효과성을 평가하는 데 널리 이용되고 있다. 이 모델을 주창한 커크패트릭은 훗날 위스콘신대학교(University of Wisconsin)의 교수가 되었고, 미국교육훈련협회(American Society for Training and Development)[1]의 회장을 맡았다. 대개는 교육 과정과 교육 자료를 설계하고 홍보하는 사람이 커크패트릭 모델을 사용한다. 하지만 자기 주도 학습을 분석할 때도 유용한 프레임워크이

---

1 2014년 5월 인재개발협회(Association for Talent Development, ATD)로 명칭이 변경되었다.

168

다. 무엇보다 특정 교육 경로의 품질과 유용성을 판단할 때 요긴하다. 커크패트릭 모델은 네 개의 평가 기준으로 이루어진다. **반응**(reaction), **학습**(learning), **행동**(behavior), **결과**(result)이다. 지금부터 하나씩 자세히 알아보자.

1단계 평가: 반응

이 단계는 학습 자료에 대한 당신의 반응을 측정하는 것에 초점을 맞춘다. 당신이 그 경험을 즐겼는지 그리고 자료가 유용하다고 생각했는지 여부를 판단하기 위한 피드백 수집이 이 단계에서 이뤄진다. 이러한 피드백은 초등학생이 말을 재미있게 해서 선생님이 좋다거나 지루해서 교과서가 싫다고 말하는 것과 비슷하다. 솔직히 이러한 피드백도 학습 과정의 중요한 일부이다(물론 필수적인 것은 아니다).

스스로에게 물어라. 나는,

- 그 학습 프로그램을 즐겼는가?
- 그 프로그램의 전반적인 이론적 접근법을 어떻게 생각하는가?

- 그 자료를 어떻게 생각했는가?

- 그 자료가 유용하고 내 학습 니즈와 관련이 있다고 생각했는가?

- 그 자료에 몰입했고 계속 흥미를 느꼈는가?

- **파레토 질문:** 그 학습 과정에서 어느 부분이 가장 재미있었는가? 어떻게 하면 내 학습에 그 부분을 더 많이 포함시킬 수 있을까?

이러한 질문에 대한 대답을 토대로, 자신의 최초 반응이 긍정적이었는지 부정적이었는지, 개선이 필요하거나 피드백을 주어야 하는 영역이 있는지 판단하면 된다. 당연히 학습 경로 모두가 쉽거나 재미있어야 하는 것은 아니다. 하지만 이상적인 학습 경로는 학습자가 몰두하고 흥미롭다고 생각하며 전반적으로는 호기심 같은 긍정적인 감정을 느끼도록 해야 한다.

2단계 평가: 학습

이 단계에서는 당신이 자신의 접근법을 통해 새로 획득한 기술이나 지식이나 태도를 평가한다. 여기에는 당신이 실제로 배운 것을 평가하는 과정이 포함된다. 이뿐만 아니라 자신이 배우지 않은 것에 대해서도 솔직해야 한다. "A를 받았어"라는 말은 얼마나 잘 배웠는지를 평가하는 하나의 방법이지만, 이것만으로는 부족하다.

자신이 얼마만큼 학습했는지, 학습의 정도를 완벽히 평가하려면 몇 가지를 고려해야 한다.

- 그 자료를 통해 구체적으로 어떤 새로운 기술이나 지식이나 태도를 습득했는가?
- 회복탄력성이나 자제력 같은 무형의 기술(intangible skill)을 개발했는가?
- 또래 집단의 구성원들과 비교할 때 나의 상대적인 위치는 어디일까?
- 습득한 모든 정보 중에서 실제로 얼마나 많이 흡수했는가?
- 표준화 시험(standardized test)에서 내 학업 성취도는 어느 정도일까? 이것이 내게 어떤 의미일까?
- 배운 것을 현실 상황에서 자신 있게 적용할 수 있을까?
- 개선하거나 더 연습할 필요가 있는 영역이 있을까?
- **파레토 질문**: 내가 배운 가장 중요하고 가장 유용한 한 가지 기술은 무엇이었나?

여기서 핵심은, 판단하는 것이 아니라 평가한다는 점이다. 이 단계에서는 부끄러워할 필요도 자책할 이유도 없다. 오히려 이런 감정은 방해가 될 수 있다. 대신에 자신이 사용하는 접근법의 효과성을 중립적인 관점과 호기심의 눈으로 평가할 뿐이다. 자신의 내적 가치(worth)와 외적 가치(value)에 대한 절대적인 믿음을 잃지 마라. 단, 자신의 학습 기법에 대해서는 완전히 회의적인 태도를 가져야 한다.

3단계 평가: 전이

당신은 자신의 좁은 분야에서 배운 기술을, 다른 말로 학습 결과를 넓은 바깥세상에 적용할 수 있을까? 학습은 지식만이 아니라 역량과 능력을 확장하는 것과도 관련 있다. 마인드셋, 문제 해결 능력, 태도, 일단의 행동 등등 당신은 새로 획득한 그것을 삶의 다른 영역에 적용할 수 있기를 바란다. 초등학생이 자신의 삶과 어떻게 관련 있을지 모르겠는데도 삼각법을 공부해야 한다고 투덜거리면, 이는 단순한 불평이 아니다. 충분히 일리가 있다!

자신에게 물어보라.

- 더 광범위한 영역으로 전이할 수 있는 기술을 획득했는가?
- 새로운 이 기술의 적용성(applicability)을 모르겠다면, 그것 자체가 유용하지 않아서일까? 아니면 그것을 다른 어딘가에 적용할 방법을 내가 아직 이해하지 못하기 때문일까?
- 이러한 기술을 현실의 삶과 연결시킬 방법을 적극적으로 찾았는가? 아니라면, 그런 방법을 어떻게 찾을 수 있을까?
- 내가 배운 것을 활용했던 구체적인 상황이나 사례를 식별할 수 있는가?
- 학습 과정의 결과로 내 행동이나 성과에서 무엇이든 가시적인 변화를 관찰했는가?
- **파레토 질문:** 내가 배운 모든 것 중에서 범용성(versatility)이 가장 뛰어나고 보편적으로 유용한 20퍼센트는 무엇일까?

때로는 학습이 내면에서 이뤄지는 무형의 과정처럼 생각된다. 그렇지만 학습은 현실 세상에서 변화된 행동과 구체적인 활동의 형태로 표출된다는 사실을 명심하라. 이는 예외가 없다. 현실 세상에서 당신의 **전행동**(全行動, total behavior)[2]이 어떻게 변하는가를 평가하는 것은 학습 프로그램의 효과성을 측정하는 아주 좋은 방법이다.

4단계 평가: 결과

이 단계에서는 학습 프로그램의 **전반적인 영향**과 결과를 측정하는 데 초점을 둔다. "시험을 통과했어"라고 말하는 것은 결과를 평가하는 하나의 방법인 동시에 시험을 왜, 어떻게 통과했는지 궁금하게 만들기도 한다. 외부적인 성공 기준의 역할은 어디까지나 지침으로 국한된다는 사실을 잊지 마라. 외부 기준이 측정하려는 대상이 무엇인지 늘 호기심을 가져라. 당신이 실제로 그러한 기준을 충족시켰는지 항상 확인하라.

- 일이나 일상에서 이 학습의 결과로 나타난 긍정적인 변화를 관찰했는가?

---

2 개인이 행동하고, 생각하고, 느끼고, 생리적 반응을 보이는 모든 것을 말하며, 조직화된 행동을 포함하여 욕구를 충족하기 위해 하는 모든 행동을 총칭한다.

- 애초 목표와 비교할 때 학습 성과는 무엇인가?
- 이 학습과 관련 있는 구체적인 이득이나 개선을 정량화할 수 있는가?
- 이 학습 덕분에 달성한 구체적인 목표나 성과가 있는가?
- **파레토 법칙:** 나는 5년 후 이 학습 여정에서 영향력이 가장 컸던 하나의 결과가 무엇이었다고 말할까?

이러한 질문이 지극히 당연하게 생각될 수도 있다. 하지만 종종 우리가 학습 과정 자체에 너무 집착하는 나머지 잠시 멈춰 자신이 얼마나 왔고 무엇을 이루었으며 앞으로 무엇을 더 정복해야 하는지 평가하지 못하는 것은 분명하다. 이런 평가를 하지 않을 때 우리는 중요한 기회를 잃는다. 학습 과정에서 경로를 약간 수정할 기회도 없고, 학습하면서 적응하고 조정할 기회도 없으며, 효과 없는 것을 신속하게 포기할 기회도 없다.

앞서의 모든 질문을 스스로에게 묻고 자신의 학습을 돌아보며 답을 찾아라. 잠깐, 거기서 중단하면 안 된다. 이러한 반성 과정에서 배운 것을 내면화하고, 현재 어떤 단계에 있든 이것을 반영해 학습을 조정해야 한다. 이 평가의 목표는 자신의 지도자이자 멘토이며 스승으로서 자신의 역할을 책임감 있고 주도적으로 수행하는 것이다.

학습 과정에서의 선택과 그 결과를 명확히 연결시키면 계속 집중하고 솔직해질 수 있다. 이뿐만 아니라 축하할 일도 주어진다. 진전을 이룬 경우, 이 사실을 담담히 인정하고 자신을 칭찬하라. 먼 길을 열심히 잘 왔다!

다음 주제로 넘어가기 전에, 이 4단계 평가 접근법을 실제 삶에서 어떻게 활용할 수 있는지 알아보자. 당신이 승마의 한 종목인 장애물 비월 경기 선수(showjumper)라고 하자. 당신은 대규모 전국 대회를 앞두고 기량을 끌어올리고자 매일 강습을 받았다. 승마 강습은 비싸기 때문에, 당신은 한 달이 지나 강습을 연장하기 전에 이때까지 강습이 얼마나 잘 진행되었는지 평가하고 싶다.

무엇보다, 당신은 강사가 끔찍하게 싫고 그의 훈련 기법도 혹사 수준이라고 생각한다. 아니나 다를까 첫 번째 기준인 반응을 평가해 보니 당신의 감정적 반응은 매우 부정적이다. 하지만 커크패트릭 모델의 나머지 평가 기준들을 고려하자 상당히 다른 그림이 만들어진다.

얼마나 많이 배우고 있는지 돌아보았더니 극히 짧은 기간에 여러 진전을 이루었다. 강습에서 배우는 것의 적응성과 전이성을 평가해 보니, 삶의 다른 많은 영역이 확실히 개선되었다. 당신은 일상생활에서 자기 주도력이 커졌고 자제력도 강해졌으며 삶의 방식도 더 건강해졌다.

네 번째 평가 기준인 결과는 어땠을까? 대규모 전국 대회에 출전해 기대 이상의 성적을 거두었다. 이것은 어느 모로 보나 성공이다! 이러한 평가를 종합해 보면 결론은 명백하다. 이 강사와 주 1회 강습을 계속하는 것이 좋다. 불완전한 평가에 그쳤더라면 (가령 "강사가 너무 고압적이야. 마음에 드는 구석이 하나도 없어. 강습을 그만둘 거야!") 당신은 진정한 학습 기회를 놓쳤을 것이다.

학습 정체기를 극복하라

무언가를 처음 배울 때, 언젠가는 벽에 부딪힐 수밖에 없다. 더구나 학습이 자신의 안전지대 바깥에서 이루진다면, 이것은 때때로 학습 자체가 상당히 부담스럽다는 뜻이다! 걱정하지 마라. 80:20 법칙이 또다시 구세주로 나선다. 우리는 80:20 법칙의 도움으로 이 벽을 뚫고 나아가고 장애물과 도전을 극복하며 문제를 해결한다. 그리고 이 과정의 끝에서 우리는 더 강력하고 더 똑똑해진다.

학습 고원(高原, plateau),[3] 다른 말로 학습 정체기는 세상에서 가장 성가신 골칫거리 중 하나라고 해도 과언이 아니다. 학습을 시작할 때 대개는 열정이 불타오르고 한껏 고무된다. 시간이 흐를수록 진전을 이루고 점점 더 성장한다. 그러다가 갑자기… 끽 소리를 내며 멈춘다. 한 걸음도 더 못 갈 것 같다. 어떤 것이든 새로운 노력을 시작하면 처음에는 이런저런 '손쉬운 이득'을 얻는 경향이 있다. 자신의 타고난 능력과 새로운 경로를 시작한다는 처음의 흥분과 열정을 엔진 삼아 멀리까지 달릴 수도 있다. 하지만 처음의 흥분이 약간 사그라지고 손쉬운 이득을 가져다주었던 '허니문 기간'이 끝나면 어떻게 될까?

학습 고원에서는 정신을 바짝 차려야 한다. 알고 보면 이것은 가장 큰 학습 기회 중 하나이다. 말인즉 학습 고원은 정체기로 위장한 기회이다.

---

3 운동이나 공부의 효과가 어느 정도 수준에서 성장을 멈추고 더는 나아지지 않는 정체기를 갖게 되는 현상.

성장이 멈추고 정체한다는 기분이 들기 시작할 때 자칫하면 서서히 안주하고 더는 자신을 채찍질하지 않게 된다. 이것은 악순환의 단초를 제공한다. 학습하고 성장한다는 기분을 느끼는 ("아하!" 순간을 경험하는) 횟수가 갈수록 줄어들고, 마침내는 학습과 성장이 외계어처럼 낯설어지기 시작한다.

안데르스 에릭슨(Anders Ericsson)과 로버트 풀(Robert Pool)은 공동 저서 《1만 시간의 재발견(Peak: Secrets from the New Science of Expertise)》에서 이렇게 말한다.

"무언가를 처음 배우기 시작할 때 보통은 빠르게—아니, 적어도 꾸준히—성장한다. 그러다가 성장 엔진이 꺼지는 시점이 찾아오면 넘을 수 없는 한계에 부딪혔다고 생각하기 마련이다. 그래서 한계를 딛고 전진하려는 노력을 포기한 채 그 고원에 평생 정착한다. 이것이 바로 모든 영역에서 사람들의 성장 엔진이 멈추는 가장 큰 이유이다."

이것은 주의해서 들어야 한다. 자칫 자기 충족적 예언으로 귀결될 가능성이 있어서이다. 우리의 뇌가 그 정체기에 적응하고, 그래서 시간이 흐를수록 도전과 새로운 것에 대처하는 능력이 점점 줄어들고… 종국에는 덜 도전적이고 덜 새로운 것을 추구하게 된다.

이 악순환을 끊을 수 있는 방법은 하나뿐이다. 새로운 자극에 자신을 노출시키고, 용기 있고 대담한 행동을 취하며, 다시 성장 엔진에 시동을 걸어 앞으로 나아가라!

이제 우리는 이 상황에 80:20 법칙을 어떻게 적용하는지 잘 안다. 잠재적 행동의 20퍼센트만이 정체기를 극복하는 데 도움이 되고, 나머지 80퍼센트는 효과가 극히 미미하다. 그런데 여기에 복병이 있다. 20퍼센트가 대개의 경우 우리가 가장 두려워하는 행동들이다.

당신은 스스로 재촉하며 열심히 달리다가 실패할 수도 있다. 그리하여 쭈뼛쭈뼛 꽁무니를 빼고, 대신에 80퍼센트 과제를 선택한다. 안타깝지만 정체기를 돌파하려면 대개는 실패를 피할 도리가 없다! 해결책은 그 실패를 피하려고 노력하는 것이 아니라, 그것을 보듬고 나아가는 것이다. 요컨대 실패야말로 당신을 다음 단계로 데려다주는 비밀 문이다.

이런 식으로 전진한다는 것은 용감해져야 하고, 이제껏 이룬 모든 성취를 위태롭게 만들 위험을 무릅써야 한다는 뜻이다. 배우고 성장하고 성취를 이루는 기분이 좋은 것이야 두말하면 잔소리다. 이것은 차치하고, 어째서 계속 앞으로 나아가며 확신도 없고 곤혹스러운 초심자 같은 상황을 또다시 자초해야 할까? 이는 인간 심리의 어떤 측면에 답이 있다. '손실 회피(loss aversion)'이다. 가끔 우리는 야망과 희망 그리고 무언가를 추가로 얻으려는 시도보다 두려움과 무언가를 잃는 것을 피하려는 시도에 더 많이 이끌린다. 하지만 손실 회피는 우리를 학습 고원에 계속 붙들어 두는 마인드셋의 일부이다.

불편함을 포용하라

학습에는 한 가지 아이러니가 있다. 우리는 무언가를 알고 싶어서, 그 무언가를 이해함으로써 역량이 강화되고, 숙달된 기분을 느끼고 싶어서 배움을 시작한다. 그렇지만 학습 여정은 꽃길이 아니다. 자신이 알지 못하고, 무언가를 할 능력이 없고, 아직은 통제할 힘이 없다는 불편한 진실을 받아들여야 하는 도전에 직면한다. 그것도 아주 자주. 이것은 말 그대로 진퇴양난이다. 지금 이대로가 완벽하지 않다는 사실을 온전히 인정할 의지가 없이는 무엇도 개선하지 못한다. 다시 말해, 자신이 무지하다는 불편한 현실을 완벽히 수용하고 더 나아가 그 무지를 극복할 준비가 될 때까지는 통찰을 얻지 못한다.

학습 여정에서 어느 정도 진전을 이루었다면, 우리는 학습한 내용을 어느 정도 활용 가능한 수준에 도달했을지도 모른다. 이제 우리는 이 상황에 편안해진다. 전문가 수준은 아니어도 그간 이룬 성취에 그럭저럭 만족한다. **이것이 성공처럼 느껴질지도 모르지만, 자신의 현재에 대한 이런 편안함과 만족감이 사실은 일종의 덫일 가능성도 있다.** 한 단계 낮은 수준에서 적당히 성공한 것에 만족하며 마음 편히 즐길 수 있는데 굳이 높은 수준에 도전하는 불편함을 감수할 필요가 있을까?

물론 정체기가 우리 능력의 진짜 한계일 가능성도 배제할 수 없다. 하지만 앞의 사실을 고려해 보면, 정체기는 자신의 능력 한계에 대한 스스로의 **주관적인 믿음**과 관련 있는 경우가 더 많다.

우리는 언제 성장할까? 두려움과 저항감은 최고조인데, 자신감은 최저 수준으로 떨어질 때다. 말인즉 우리는 정체기에 있을 때 성장한다! 이것이 우리의 새로운 일상(new normal, 뉴노멀)으로 영원히 굳어질지 아니면 계속 성장하는 잠재적인 변곡점이 될지는 우리의 태도에 달려 있다.

정체기를 극복하려면, 현재 벌어지는 상황부터 재구성해야
한다.

도전과 두려움을 포용하라.

자신이 무엇을 피하고 있는지 확인하고, 그것을 정면으로 응시하라.

실패해도 괜찮다. 아니, 실패를 예상하고 실제로 실패할 때 최대한

의 통찰을 얻을 준비를 하라.

이제부터 교착 상태에 빠진 기분이 들 때면, 3단계 로드맵
을 따라라.

1단계 자신이 피하고 있는 큰 놈(Big Thing)을 식별하라

저 앞에서 당신을 기다리는 도전은 무엇인가? 그것에서 계
속 도망치는 중인가?

오랫동안 바이올린을 배우고 있으면서도 사람들 앞에서
연주하는 것은 너무 떨려서 엄두가 나지 않는가? 새로운 자격
증을 취득했지만 현실에서 실제로 사용할 만큼의 자신이 없는
가? 다음 단계로 올라갈 수 있는 선택적(optional) 시험이 있지
만, 진짜로 준비가 되었는지 확신이 없어 주저하고 있는가?

이 '큰 놈'의 정확한 정체에 계속해서 초점을 맞춰야 한다. 바로 '이놈'이 정체기에서 탈출하는 비밀 문의 열쇠를 쥐고 있다. 그 목표를 향해 아기 걸음으로 다가가는 것이 **아니라** 크고 대담한 행동을 취할 거라고 자신과 약속하라.

이렇게 마음을 고쳐먹으면, 그것이 불편할 거라는 사실을 받아들이기가 한결 수월해진다. 더러는 그것이 어색하고 불편할 거라고 가정함으로써 되레 그 과정을 파국화(catastrophizing)[4]하는 것을 피한다. 불편함을 심각하게 받아들이지 않고 웃으며 넘길 수 있을 때, 심지어는 그런 어색함에 의도적으로 발을 담글 수 있을 때, 그 상황이 오히려 더 신속하게 종결되고 다시 성장 엔진을 가동시킬 수 있다.

가령 며칠 내로 버스킹 신청을 하거나, 자신과 실랑이를 벌이거나 자신이 변명을 찾을 틈을 주지 않고, 곧장 선택적 시험에 응시 접수를 하는 식이다. 때로는 우리가 가장 두려워하는 그놈의 정체가 이미 일어난 일이고, 우리는 그놈이 다시 찾아올까 봐 걱정한다. 하지만 재발 가능성의 싹을 자를 수 있는 방법은 하나뿐이다. 정면으로 부딪쳐라. 이렇게 재구성하라. 학습은 몇 가지 불편한 경험의 건너편에 있다. 그러니 학습에

---

4   재앙화. 미래에 대해 현실적인 고려 없이 매우 부정적으로 예상하는 것.

방해가 되지 않도록 가능한 한 빨리 그러한 경험을 해치워 버리는 것이 좋지 않을까? 어차피 맞을 매라면 일찍 맞는 편이 낫지 않을까?

2단계 다른 기법을 시도하라

당신에게 이미 성공적인 접근법이 있다면, 듣던 중 반가운 소리다. 하지만 이 기술의 역할은 딱 여기까지, 당신이 이 자리에 오기까지만이라는 사실을 명심하라. 현재 학습 고원에 갇혀 있다는 사실에서 볼 때 지금의 기술은 당신이 다음으로 나아가는 데서는 효과가 **없을** 것이 확실하다.

무슨 뜻일까? 이러한 기술도 사용하되, 효과가 있을 만한 또 다른 기법이 무엇일지에 호기심을 가져라. 현재 집중하는 목표를 성취할 수 있는 **방법**에 대해, 그곳에 다다를 수 있는 경로에 대해 다각도로 생각해 보라. 안데르스 에릭슨의 말을 다시 들어 보자.

"(정체기를) 벗어나는 가장 좋은 방법은 새로운 도전 과제로 뇌나 신체에 자극을 주는 것이다. 보디빌더는 지금과는 다른 종류의 운동을 하고, 역기의 무게나 반복 횟수를 늘리거나 줄이고, 주간 운동 루틴에 변화를 준다. 사실 대부분의 보디빌더는 운동 패턴에 미리 변화를 주어 정체기에 빠질 위험을 미연에 차단한다."

상황에 변화를 주어 너무 안일해지는 것을 예방하고 효과적일 수 있는 새로운 방식에 자신을 자주 노출시켜라. 이것은 어느 한 가지 방식에 지나치게 의존하지 않도록 스스로를 단련시키는 방법이다. 직접 해 보면 알겠지만, 이것은 '교차 학습' 기법과 환상의 호흡을 자랑한다. 현재 접근법에서 가장 취약한 부분을 자세히 들여다보고 상황을 뒤흔들어 판을 새로 짜라. 실수의 80퍼센트가 무엇 때문에 발생하는지 확인하고, 이러한 원인을 표적으로 삼아라. 똑같은 것을 계속해서는 성장하기 힘들다.

당신이 창의적 글쓰기 수업에 열심히 참여하고 하루도 빠짐없이 작문 연습을 한다고 가정하자. 당신은 관련 있는 모든 책을 읽고 도움이 되는 것을 닥치는 대로 전부 연습한다. 그리고 마침내 작문 실력이 일취월장하는 것으로 그간의 노력이 보상을 받는다. 그런데 어느 순간부터 글쓰기가 늘지 않고 제자리걸음이다. 이는 다른 무언가를 시도해야 한다는 징후로 생각하자. 작가 모임에 나가서 다른 작가들에게 당신의 글을 보여 주고, 그들의 피드백을 적극적으로 구하라(당신은 동시에 '큰 놈'에 도전하는 데 몰두하고 있는지도 모르겠다!). 잡지사와 출판사에 투고하거나 대회에 응모하라. 작문 과외를 받고 새로운 목표를 설정하라. 이제까지 그래왔듯 매일 작문 연습을 하고 창의적 글쓰기 수업을 계속 수강해도 좋다. 하지만 이제 당신은 학습 기회가 될 수 있는 새로운 방법을 두 팔 벌려 환영한다.

3단계 더 크고 야심찬 목표를 추구하라

때로는 최선을 다해 더 크게 도전하는 것만으로도 정체기를 극복한다. 저항이 가장 적은 경로(path of least resistance)를 선택하고 싶어 하는 것은 인간의 본성이다. 다른 말로 우리 인간은 다소 위험 회피적이고 보수적인 (톡 까놓고 말해, 게으르다!) 성향을 타고난다. 이러한 본성을 거스르기 위해서는 정신적으로든 감정적으로든 육체적으로든 좀 더 많이 하도록 스스로를 끊임없이 채찍질할 필요가 있다.

자신이 덜 도전한다고 의심될 때는 BHAG를 설정해 보자. BHAG는 크고(big) 위험하고(hairy) 대담한(audacious) 목표(goal)를 가리킨다! 이 용어는 짐 콜린스(Jim Collins)와 제리 포라스(Jerry Porras)가 공동 저서 《성공하는 기업들의 8가지 습관(Built to

Last: Successful Habits of Visionary Companies)》에서 처음 소개했다. 콜린스와 포라스는 BHAG가 어떻게 해서 매력적이고 장기적이며 흥미와 영감을 북돋우면서도 약간 무서운… 원대한 목표인지 설명한다! BHAG는 언제 필요할까? 동기가 약간 시들해질 때, 전반적인 삶에 대해 크게 생각하지 못할 때, 목표를 달성하기 위해 더 광범위한 비전이 필요할 때, BHAG를 설정하라. 야심 찬 이 목표는 짜릿한 흥분과 약간의 두려움을 동시에 유발한다. 거의 닿을 수 없는 목표 같은데도 하도 감질나서 "실제로 **해낼 수** 있다면…?"이라고 생각하게 만든다.

BHAG는 네 가지 질문에 "예스"라고 외칠 수 있는 것이어야 한다.

- 그것이 정말 나를 자극하고 들뜨게 하는가?
- 그것이 스릴 넘치고 흥미진진한 모험이라고 생각하는가?
- 내가 그 일에 전력을 다하는 모습을 한 치의 거짓 없이 상상할 수 있는가?
- 그것을 달성한다면 정말로 '대박'일까?

꿈이 작은 사람이 너무 많다. 무엇보다, 신중함이 상책이라고 생각하는 까닭이다. 그렇지만 가끔은 자기 믿음이 부족하고 순전히 해묵은 두려움 때문에 이렇게 조심스러워한다. 그 다음은 어떻게 될까? 언뜻 마음이 불편하거나 의심이 고개 들 때마다 이러한 감정은 자신이 선을 넘었다거나 너무 많이 원한다거나 자신의 안전지대를 벗어났다는 징후라는 피드백 루프가 만들어진다.

그러나 불편함과 어색함은 무언가가 틀렸거나 포기해야 한다는 신호가 **아니다**. 우리의 목표는 가능한 한 쉽고 편안한 삶을 구축하는 것이 **아니다!** 성장과 학습이 목표이다. 목표를 실질적으로 20퍼센트 상향시킬 수 있을지 자문하는 습관을 들여라. 스스로를 필요 이상으로 과소평가할뿐더러 자신이 생각하는 것보다 더 강하다는 사실을 깨달을지도 모른다.

쉽게 설명해 보자. 주말에 열리는 자선 모금 달리기 대회(fun run)에 참가하는 것이 두렵다고 하자. 그래서 내년까지 미루겠다고? 아니, 이왕 내친김에 한 걸음 더 나가 보자. 석 달 안에 자선 모금 달리기 대회는 **물론이고**, 정식 마라톤에도 참가해 보라. 결승선을 통과하는 순간 자신의 강인함을 스스로에게 증명하는 기분이 얼마나 환상적일지에 초점을 맞춰라.

파레토 분석으로
문제를 해결하라

평소 문제가 생길 때 어떻게 해결하는가?

이 질문에 선뜻 답하지 못하는 사람이 대부분이다. 절대 문제가 생기지 않기를 남몰래 바라기에 그렇다. 문제에 부딪히더라도 그들의 문제 해결 전략은 가히 짐작이 된다. "그것을 피할 수만 있다면 뭐든지 하자."

일을 잘하고 싶으면, 일을 잘 못 할 수 있는 모든 방식에도 관심을 가질 필요가 있다. 다시 말해, 새로운 기술을 완벽히 숙달하거나 어떤 개념을 깊이 이해하기 위해서는 성공적인 부분만이 아니라 실패하는 부분도 적극적으로 관리하는 것은 필수이다. 실패를 대하는 올바른 마인드셋을 갖춘 사람은 실패와 성공이 동전의 양면이라는 것을 잘 안다. 실패와 성공 모두는 우리가 다음 시도에서 더 나은 결과를 얻도록 도와주는 흥미롭고 실질적인 데이터를 생산한다는 뜻이다.

도전적인 자료나 과제를 숙달하기가 어려울 때 파레토 원칙을 적용해 보자. 이 어려움의 80퍼센트가 문제의 단 20퍼센트에서 비롯한다는 결론이 나온다. 따라서 악기, 언어, 운동, 복잡한 과학 문제 등등 무언가와 씨름할 때 종종 이 어려움은 영향력이 매우 큰 소수의 문제가 원인이라는 사실을 이해할 수 있다. 악기를 잡는 잘못된 자세, 가장 자주 사용되는 시제를 근본적으로 잘못 이해하는 것, 기본적인 손과 눈의 협응력, 기본적인 것으로 받아들이는 과학 개념에 대한 기초 수준의 이해 등등.

3장까지는 결과에 가장 많은 영향을 미치는 마인드셋, 행동, 기법을 식별하기 위해 파레토 법칙을 사용했다. 마지막 4장에서는 이것을 완전히 뒤집어 보자. 우리를 가장 힘들게 하는 20퍼센트의 문제, 실패, 오해를 식별하는 데 집중하자. 이것이 80:20 법칙을 통해 문제를 해결하는 방식이다. 요컨대 **가장 크고 가장 영향력 있는 문제를 먼저 해결하라.**

다음 질문은 짐작대로다. 가장 영향력 있거나 가장 큰 문제를 어떻게 정확히 식별할 수 있을까? 모든 것이 혼란스러울 때 이 중 어떤 것을 해결하면 가장 큰 통찰을 얻을지 알아낼 수 있을까?

'파레토 분석(Pareto analysis)[5]'을 시작하라. 이것은 자신의 문제를 관찰하고, 그것이 얼마나 자주 발생하는지 포착하는 체

---

5 파레토 법칙을 적용해 문제의 정확한 원인을 파악하고, 제한된 자원과 시간을 효율적으로 사용해 핵심적인 개선점을 식별하는 의사결정 방법.

계화된 기법이다. 혼란스럽고 상황이 힘들 때는 자신이 무엇 때문에 또는 어떤 면에서 고전하고 있는지조차 모를 수 있다. 그렇더라도 어떤 종류의 문제가 계속 나타는지에 호기심을 가지는 것은 얼마든지 가능하다. 문제의 80퍼센트가 20퍼센트의 원인에서 발생한다면, 그 20퍼센트를 해결함으로써 대부분의 결과가 즉각 개선된다. 이것은 잡초의 잎과 줄기를 자르느라 시간을 허비하는 것이 아니라 아예 발본색원, 즉 원뿌리를 찾아 뽑아 버리는 것과 같다.

하지만 이것이 그냥 되지는 않는다. 처음의 마인드셋을 변화시켜야 한다. 본래부터 우리 인간은 문제란 성가시고 예측할 수 없고 부당할 뿐 아니라 피해야 하고 가능한 한 빨리 벗어날수록 좋다고 생각하는 경향이 있다. 이것을 완전히 뒤집어라. **문제는 가치 있고 완벽히 예측 가능하고 피할 수 없고 중립적일 뿐 아니라 완전한 주의와 관심을 기울여야 하는 것이라고 생각하라.** 문제를 고마운 선물로, 참된 가르침을 주는 훌륭한 스승으로 받들어라. 정말 역설적이지만, 문제에 이런 식으로 접근하는 것만이 문제를 제거하는 실질적인 방법이다. 다른 방법은 없다. 불가피한 어려움과 사안을 피하거나 무시하려고 노력한다면 결과는 보나 마나다. 이러한 어려움과 사안에 더 오래 발목을 붙잡힐 뿐이다!

모든 문제가 똑같이 만들어지는 것은 아니다. 또한 가장 영향력 있는 문제가 가장 무섭고 가장 복잡하며 가장 다루기가 불편한 것이 일반적이다. 이는 많은 사람이 의식적으로든 무의식적으로든 학습 과정에서 나타나는 가장 큰 문제를 해결하는 것을 미룬다는 뜻이다. 대신에 기껏해야 전반적인 성과에 미미한 영향만 미치는 '80퍼센트의 문제'를 해결하느라 시간을 낭비한다는 뜻이기도 하다. 이것을 재구성해 보자. 문제 해결에 쏟을 수 있는 시간과 에너지와 자원이 제한적이라면, 이 모든 것을 가장 큰 원인을 해결하는 데에 쓰는 것이 현명하다. 쉽고 명백한 문제를 먼저 해결하는 것이 바람직해 보이지만, 실제로는 시간 낭비이며 진정한 사안을 해결하기 위해 쓸 수 있는 시간만 잡아먹는다.

학습 과정에서 어려움에 직면할 때 긴장을 풀고 심호흡을 하라. 이것이야말로 정확히 **학습이라고** 머릿속에 단단히 각인시켜라. 포기하지 말고 문제를 피하려 애쓰지도 마라. 그러고 나서는 다음의 로드맵을 따라라.

1단계 눈앞의 모든 문제를 식별해서 목록으로 작성하라. 이렇게 하는 데만도 다소 시간이 걸릴 테지만, 인과관계를 밝히기 위해서는 꼭 필요한 과정이다. 문제가 있을 때마다 잠시 멈추고 무엇이 잘못되었는지 한 문장으로 요약해 목록에 포함시켜라. 충분한 데이터가 축적될 때까지 이 과정을 계속하라. 동일한 종류의 문제가 나타날 때, 이것도 목록에 포함시켜라. 그래야 이런 종류의 문제가 얼마나 자주 발생하는지 지속적으로 기록할 수 있다.

[2단계] **문제를 서열화하라.** 문제 목록에서 가장 중요한 20퍼센트의 사안을 식별하는 첫걸음은 가장 자주 발생하는 문제를 찾는 것이다. 일단 데이터를 모은 다음에는 발생 빈도가 가장 높은 것에서 가장 낮은 순서로 문제를 서열화하라.

[3단계] **데이터를 분석하라.** 문제를 전부 더해 총 개수를 구하라. 편의상 문제가 100개라고 하자. 이제는 각 문제의 상대적인 비중을 백분율로 계산하라. 예를 들어 모든 문제의 40퍼센트가 주요 사안 하나에서 발생한다는 사실이 드러날 수도 있다. 원한다면 문제의 특성에 따라 데이터를 약간 조정해도 무방하지만, 결국에는 어디에 초점을 맞추어야 하는지 명확하

게 이해할 수 있어야 한다. 가장 많은 어려움을 야기하는 문제를 찾아서 그것을 먼저 해결하라.

코딩을 생전 처음 배운다는 시나리오를 통해 이를 알아보자.

당신은 홍수처럼 밀려드는 온갖 새로운 개념, 용어, 도구에 압도당한다. 이에 노력의 우선순위를 정하기 위해 학습 여정에 가장 큰 영향을 미치는 가장 중요한 영역들을 식별하고 싶다. 말이 쉽지, 당신이 다루어야 하는 문제가 산더미다. 행운을 빈다!

이 시나리오에 파레토 분석을 적용해 보자. 먼저, 코딩을 배우면서 직면하는 도전과 어려움에 관한 데이터를 수집한다. 기본 구문(syntax) 이해, 프로그래밍의 기본 개념 이해, 논리적 사고(logical thinking), 코드 디버깅(debugging) 등등. 1주일간 직면하는 문제가 어떤 것이든 전부 스프레드시트에 기록하라.

코딩을 배우는 동안 이러한 도전이 여러 차례 발생하고, 당신은 각 도전의 발생 빈도를 확인한다. 충분한 데이터가 모인 뒤에는 데이터를 원그래프나 막대그래프 같은 시각적 형태로 표현하라. 이렇게 하면 당신을 혼란스럽게 만드는 것이 단지 한두 개의 큰 사안이라는 사실이 확연히 드러난다.

가령 프로그래밍 개념을 이해하기 힘들고, 코드 작성 실력이 늘지 않는 가장 큰 원인이 **논리적 사고력**에 있다는 것을 알게 되었다고 하자. 이제는 이 통찰에 기반해 학습 노력의 우선순위를 정할 수 있다. 모든 개념과 용어를 동등하게 다루는 것이 아니라, 대부분의 도전을 야기하는 핵심적인 소수의 영역에 집중할 수 있다는 말이다. 예를 들어 논리적 사고력과 관련 있는 문제가 나타날 때마다 이 능력을 향상시키는 것에 시간과 노력을 더 투자한다. 지금 고전하는 이유가 논리적 사고력 때문일 가능성이 높다는 것을 이미 알고, 따라서 스스로에게 묻는다. "지금 내 논리적 사고에는 어떤 오류가 있을까? 지금의 문제와 관련된 논리적 사고력을 어떻게 키울 수 있을까?"

파레토 분석을 통해 당신은 덜 중요한 도전에 시간을 낭비하지 않고, 코딩에서 가장 결정적인 측면들에 집중한다. 이 접근법은 학습 노력을 어디에 할당할지 정보에 근거해 결정하도록 도와주고, 이로써 당신은 더욱 효율적으로 학습하고 기술을 개발한다. 게다가 압도감이 줄어드는 부수적인 효과도 있다. 처음에는 혼란과 혼돈이 뒤섞여 엉망진창 같던 것이 이제는 한결 수월하게 관리할 수 있는 것처럼 보이기 시작한다.

이뿐만 아니라 파레토 분석은 핵심 개념을 전반적으로 식별하는 데도 도움이 된다(학습 중에 발생하는 모든 문제는 학습 여정의 형태를 좌우할 수 있는 "응?" 순간이다). 나중에 이 문제 목록을 검토할 때 깜짝 선물이 기다린다. 핵심 개념 요약이 이미 반쯤 끝나 있는 것이다. 다시 말해, **가장 영향력 있는 20퍼센트의 문제가 전반적으로 볼 때 가장 중요한 핵심 개념의 20퍼센트와 상당히 일치하는 경향이 있다.**

파레토 분석은 종류를 불문하고 모든 문제에 사용해도 된다. 그림과 채색을 배우면서 직면하는 어려움을 파레토 원칙에 기반해 분석해 보자. 한두 주가 지난 뒤에 당신은 다음의 네 가지 문제에 직면한다.

- **문제 1**: 비례(proportion)와 원근법(perspective)이 어렵다. (4)
- **문제 2**: 음영(shading)과 입체감 있는 명도(value) 표현에서 고전한다. (9)
- **문제 3**: 해부학과 비례에 대한 이해가 부족하다. (10)
- **문제 4**: 정확한 세부 묘사와 질감 표현이 힘들다. (2)

그런 다음 발생 횟수가 가장 많은 것에서 가장 적은 순으로 문제를 나열한다.

- **#3 문제:** 해부학과 비례에 대한 이해가 부족하다. (10)

- **#2 문제:** 음영과 입체감 있는 명도 표현에서 고전한다. (9)

- **#1 문제:** 비례와 원근법이 어렵다. (4)

- **#4 문제:** 정확한 세부 묘사와 질감 표현이 힘들다. (2)

마지막으로, 데이터를 살펴보고 문제를 해결할 우선순위를 정한다. 네 가지 문제에 파레토 분석법을 적용해 보니, 가장 큰 영향을 발생시키려면 #3과 #2 문제를 우선적으로 해결해야 한다는 사실이 명확해진다. #1과 #4 문제를 해결함으로써 얻을 수 있는 결과는 매우 적다. 오해하지 마라. 파레토 분석은 영향력이 낮은 문제들이 중대하지 않다고 무시하는 것이 아니다. 그저 문제의 우선순위를 매기는 데 도움이 될 뿐이다.

☑ 80:20 법칙은 우리가 문제를 효율적으로 해결하고 "내가 지금 하는 일이 잘되고 있을까?"에 대한 명쾌한 답을 찾도록 도와준다. 학습 여정에서 만나는 모든 문제와 장애물은 학습 전략을 전반적으로 점 검하는 기회로 재구성할 수 있다.

☑ 학습 과정은 마감 시한을 맞춘 뒤에도, 시험을 본 뒤에도, 목표를 달성한 뒤에도 계속된다. 학습 과정을 평가하라. 그래야 학습을 유익한 방향으로 조정하고 학습하는 법을 학습할 수 있다. 학습 경험을 관찰하고 반성함으로써 학습 전략을 다듬고 시간과 자원을 더욱 효율적으로 할당하라.

☑ 학습 경험을 스스로 평가하는 방법 하나는 커크패트릭 모델에 기반해 4단계로 분석하는 것이다. 최초 반응(학습이 얼마나 즐거웠나), 학습 (실제로 무엇을 배웠나), 전이(학습한 내용을 더 광범한 영역에 얼마나 적용할 수 있을까), 결과(목표 대비 학습 성과는 어떠한가).

☑ 학습 고원에 도달해 학습이 정체될 때는 다시 앞으로 나가도록 해주는 20퍼센트의 행동을 식별하는 것이 중요하다. 대개 이러한 20퍼센트는 우리가 가장 두려워하는 행동들이다. 정체기를 극복하기 위해서는 새로운 자극에 스스로를 노출시키고 용기 있고 대담한 행동을 취하며 다시 학습 엔진에 시동을 걸어야 한다.

☑ 지속적으로 학습하고 성장하고 싶다면, 불편함을 포용해야 하고 이

미 획득해 축적한 이득에 안주해서는 안 된다. 자신이 피하고 있는 '큰 놈'을 식별하고 정면으로 대응하라. 기법을 바꾸고 새로운 무언가를 시도하라. 더 크고 더 야심 찬 목표를 추구하도록 스스로를 채찍질하라.

☑ 파레토 법칙은 우리가 경험하는 어려움에도 적용할 수 있다. 모든 어려움의 80퍼센트가 단 20퍼센트의 문제 때문에 발생한다. 이것을 이해하면 문제를 더욱 효율적으로 해결하는 데 도움이 된다. 자신이 직면하는 문제를 식별하고, 발생 빈도를 토대로 서열화하라. 가장 자주 발생하고 영향력이 가장 큰 문제를 먼저 해결하라. 문제를 스승이라고 생각하라. 문제가 어떤 가르침을 줄지 기대하고 가르침을 두 팔 벌려 환영하라.

요약 총정리

1장 80:20을 삶의 원칙으로 만들어라

☑ 파레토 법칙은 전체 결과의 80퍼센트가 20퍼센트의 원인에서 발생한다고 정의한다. 80:20 법칙으로도 불리는 이것은 많은 현상에서 '핵심적인 소수와 쓸 만한 다수'가 공존한다는 뜻이다. 이 법칙을 사용하고 싶을 때는 핵심적인 소수에 집중하고 쓸 만한 다수를 후순위로 미루면 된다.

☑ 80:20 법칙은 학습, 기술 향상, 새로운 정보 습득, 기억력 강화에 두루 적용된다. 하지만 이 법칙이 성립하지 않는 상황이 분명 있고, 이런 상황에까지 막무가내로 적용하는 것은 피해야 한다. 또한 각 상황별로 이 법칙이 어떻게, 왜 효과가 있는지 전략적으로 생각하는 법도 배워야 한다.

☑ 80:20 법칙을 적용해 가장 효과적인 공부법을 선택하라(열 가지로 목록을 작성한 다음 효과가 가장 큰 두 가지만 골라라). 자료를 읽거나, 언어를 배우거나, 새로운 정보를 기억할 때도 이 법칙을 사용하라. 학습하는 무언가의 이면에 있는 가장 유용하거나 관련 깊은 원칙 또는 하나로 이어 주는 통합 원칙을 식별하면 학습 과정을 간소화하고 조직화할 수 있다.

☑ '85퍼센트 법칙'은 80:20 법칙과 관련 있다. 이것은 우리가 성공하거나 올바른 결과를 얻는 비율이 약 85퍼센트일 때 학습이 최적화되는 현상을 가리킨다. 성공 대 실패 비율이 최적화되면 효과가 있는 접근법과 없는 접근법을 구분할 수 있고, 이를 통해 학습과 진전이 이뤄진다. 실패 수준이 최적화되도록 학습 과정을 신중하게 구축하라. 과제의 크기와 유형과 난이도에 변화를 주고 과제를 완수하기 위한 지원을 다양하게 시도함으로써 최적의 실패 비율을 찾아라.

☑ 새로운 기술을 습득할 때 80:20 법칙을 적용해 보라. 우리가 하는 일은 하지 않기로 선택하는 일만큼이나 중요하다. 이 법칙을 적용하는 것은 덜 노력하거나 속임수를 쓰거나 불편함을 피하고 싶어서가 아니다. 제한된 자원을 현명하게 사용할 계획을 세우기 위해 80:20 법칙을 사용해야 한다.

☑ 새로운 기술을 정복하는 지름길이 있다. 먼저 명확한 목표를 수립하고, 작은 하위 기술을 식별해 숙달하라. 그런 다음 피할 수 없는 잠재적인 도전을 선제적으로 확인해, 이것에 적절히 대비하라. 마지막으로, 숙달한 하위 기술 모두를 다시 합쳐라.

☑ 효율적으로 일하고 싶다면 자신에게 끊임없이 자문하라. 지금 하는 이 일이 내 목표에 가까워지게 해 줄까? SMART 목표 하나를 선택해서 최우선하고 매일 이 목표를 향해 꾸준히 나아가라. 필수적이지 않은 과제는 과감히 쳐내라.

2장 학습 다이어트

☑ 군더더기를 제거한 미니멀리즘 방식으로 학습할 때 우리는 두 가지를 병행한다. 새로운 과제에서 완전히 낯선 20퍼센트를 식별해서 집중하는 동시에 약간의 기존 지식이 있는 80퍼센트를 신중하게 활용한다.

☑ 학습할 때 우리의 뇌가 학습하는 방식을 활용해 보자. 새롭고 특이한 정보를 우리가 이미 완벽히 숙지한 개념과 유의미하게 연결시키면 된다. 먼저, 학습을 새로 시작할 때마다 자신이 이미 아는 것을 망라해 마인드맵을 작성하라. 그런 다음 학습 자료를 훑으며, 그것이 어떻게 구성되었는지 전체적인 개요를 파악하라. 마지막으로, 새로운 정보와 기존 정보를 명확하게 이어 주는 구체적인 연결고리와 연상을 의도적으로 생성시키고, 처음의 마인드맵을 토대로 학습의 진전 상황을 추적하라.

☑ 미니멀리즘 학습은 새로운 정보를 가치에 기반해서 사려 깊고 의식적으로 고려하고, 이것에 어울리는 학습 과정을 능동적으로 구조화하는 것과 관련 있다. 미니멀리즘은 종종 정리정돈을 요구한다. 이것은 어떤 것을 간직하기로 선택하는가와는 관련이 없다. 무엇이 제거되고 무엇이 남는가를 결정짓는 명확성과 목적이 중요하다. 학습 공간, 마인드셋/태도, 루틴, 과정, 습관에서 군살을 덜어내고 다이어트하라. 삶을 둘러보라. 당신의 명시적인 학습 목

표에 직접적으로 도움이 되지 않는 것을 제거하라.

☑ 주의와 인식이 누구에게나 가장 가치 있는 자원이라는 사실을 명심하라. 우리는 귀중한 이 자원을 어떻게 '소비'할지 선택할 수 있다. 내가 목표를 향해 확실하게 나아가기 위해 꼭 필요한 최소한의 것은 무엇일까? 이것에 따라 구체적인 조치를 취하라.

☑ 정보 과부하를 최소화하고 싶다면 새로운 정보를 능동적으로 관리하고, 우리의 목표와 가치관과 이 정보 사이의 관련성에 대해 숙고해야 한다. 대부분의 데이터는 우리와 관련이 없거나 한물간 구식이거나 정확하지 않거나 부적절하다. 심지어는 완전히 틀린 엉터리 데이터도 많다. 정보 과부하를 예방하는 특급 처방을 따라라. 자신이 무엇을 얼마나 알아야 하는지 지속적으로 확인하라. 그것의 더 깊은 가치를 끊임없이 찾아내라. 정보의 경계를 설정하라. 낮은 자존감이나 두려움이 정보에 압도당한 기분으로 위장하는 때를 알아보는 안목을 길러라.

3장 학습하는 법을 학습하라

☑ 학습 마인드셋이 중요하다. 이것이 우리의 전반적인 학습 철학과 접근법을 결정하고, 우리가 실제 사용하는 기법을 좌우한다.

☑ 시간은 가장 중요한 자원이다. 우리는 자신이 시간을 어떻게 소비하는지에 면밀한 주의를 기울여야 한다. '다섯 시간 법칙'은 귀중

한 시간을 관련 없는 활동에 허비하지 말고, 매일 최소 1시간을 학습하는 법을 학습하는 메타학습, 반성, 깊은 사고에 투자하라고 말한다. 그 시간을 반드시 지키고, 자신이 그 시간을 어떻게 쓰는지 실험하라. 세상이 너무 빨리 움직이므로 우리는 그저 관련성을 유지하기 위해서라도 지속적으로 배울 필요가 있음을 이해해라.

☑ 새로운 학습 자료의 형식에는 일절 신경 쓰지 말고, 당신이 새로운 무언가를 배우는지("아하!") 아니면 벽에 부딪혔는지("응?")에 초점을 맞춰라. "아하!"와 "응?" 순간을 빠짐없이 기록하고, 그것들을 직접적으로 다루어라. 동시에, 배우는 모든 새로운 개념을 한 문장으로 요약하고 필요할 때마다 수정하고 업데이트하는 습관을 들여라. 어려운 개념을 만날 때는 ADEPT 기법을 사용해 더 깊이 더 정확히 이해하라. 각 개념에 대해 유추, 도표, 예시, 일반적 의미, 기술적 정의를 순서대로 찾아라.

☑ 공부법의 단 20퍼센트가 공부 결과의 80퍼센트를 발생시킨다. 따라서 능동적 읽기와 필기, 간격 반복, 분산 연습, 교차 학습, 규칙적인 휴식, '기억의 궁전 기법' 같은 니모닉 등등 증거로 입증된 접근법을 사용하라.

☑ 자기 주도적인 학습자는 무엇이 왜 가치 있는지 명시하는 외부 기준을 찾기보다 자신만의 학습 기준과 학습 철학을 만든다. 자신의 목표를 설정하고, 자신의 지표를 사용해 그 목표를 측정하라. 이렇게 하면 학습자로서 우리는 세 마리 토끼를 다 잡는다. 효과성,

정교함, 회복탄력성이 동시에 높아진다.

4장 80:20 법칙으로 문제를 해결하라

☑ 80:20 법칙은 우리가 문제를 효율적으로 해결하고 "내가 지금 하는 일이 잘되고 있을까?"에 대한 명쾌한 답을 찾도록 도와준다. 학습 여정에서 만나는 모든 문제와 장애물은 학습 전략을 전반적으로 점검하는 기회로 재구성할 수 있다.

☑ 학습 과정은 마감 시한을 맞춘 뒤에도, 시험을 본 뒤에도, 목표를 달성한 뒤에도 계속된다. 학습 과정을 평가하라. 그래야 학습을 유익한 방향으로 조정하고 학습하는 법을 학습할 수 있다. 학습 경험을 관찰하고 반성함으로써 학습 전략을 다듬고 시간과 자원을 더욱 효율적으로 할당할 수 있다.

☑ 학습 경험을 스스로 평가하는 방법 하나는 커크패트릭 모델에 기반해 4단계로 분석하는 것이다. 최초 반응(학습이 얼마나 즐거웠나), 학습(실제로 무엇을 배웠나), 전이(학습한 내용을 더 광범한 영역에 얼마나 적용할 수 있을까), 결과(목표 대비 학습 성과는 어떠한가).

☑ 학습 고원에 도달해 학습이 정체될 때는 다시 앞으로 나가도록 해주는 20퍼센트의 행동을 식별하는 것이 중요하다. 대개 이러한 20퍼센트는 우리가 가장 두려워하는 행동들이다. 정체기를 극복

하기 위해서는 새로운 자극에 스스로를 노출시키고, 용기 있고 대담한 행동을 취하며, 다시 학습 엔진에 시동을 걸어야 한다.

☑ 지속적으로 학습하고 성장하고 싶다면, 불편함을 포용해야 하고, 이미 획득해 축적한 이득에 안주해서는 안 된다. 자신이 피하고 있는 '큰 놈'을 식별하고 정면으로 대응하라. 기법을 바꾸고 새로운 무언가를 시도하라. 더 크고 더 야심 찬 목표를 추구하도록 스스로를 채찍질하라.

☑ 파레토 법칙은 우리가 경험하는 어려움에도 적용할 수 있다. 모든 어려움의 80퍼센트가 단 20퍼센트의 문제 때문에 발생한다. 이것을 이해하면 문제를 더욱 효율적으로 해결하는 데 도움이 된다. 자신이 직면하는 문제를 식별하고, 발생 빈도를 토대로 서열화하라. 가장 자주 발생하고 영향력이 가장 큰 문제를 먼저 해결하라. 문제를 스승이라고 생각하라. 문제가 어떤 가르침을 줄지 기대하고 가르침을 두 팔 벌려 환영하라.

심플리어 001

80:20
학습법

1판 1쇄 인쇄 2024년 12월 17일
1판 1쇄 발행 2025년 1월 15일

지은이 피터 홀린스
옮긴이 김정혜
펴낸이 김영곤
펴낸곳 (주)북이십일 21세기북스

콘텐츠TF팀 김종민 신지예 이민재 진상원 이희성
출판마케팅팀 한충희 남정한 나은경 최명열 한경화
영업팀 변유경 김영남 강경남 황성진 김도연 권채영 전연우 최유성
제작팀 이영민 권경민
편집 김화영 **디자인** design S

출판등록 2000년 5월 6일 제406-2003-061호
주소 (10881) 경기도 파주시 회동길 201(문발동)
대표전화 031-955-2100 **팩스** 031-955-2151 **이메일** book21@book21.co.kr

ⓒ 피터 홀린스, 2025

ISBN 979-11-7117-958-9 03190

(주)북이십일 경계를 허무는 콘텐츠 리더

21세기북스 채널에서 도서 정보와 다양한 영상자료, 이벤트를 만나세요!
페이스북 facebook.com/21cbooks **포스트** post.naver.com/21c_editors
인스타그램 instagram.com/jiinpill21 **홈페이지** www.book21.com
유튜브 youtube.com/book21pub

- 책값은 뒤표지에 있습니다.
- 이 책 내용의 일부 또는 전부를 재사용하려면 반드시 ㈜북이십일의 동의를 얻어야 합니다.
- 잘못 만들어진 책은 구입하신 서점에서 교환해드립니다.

더 쉽게, 더 깊게

심플리어 시리즈는 콘셉트만으로 단순명료한 비전과 프레임을 제시합니다. 자기계발, 비즈니스, 학습법 등 실질적이고 직관적인 해결책을 제공하여 본질에 집중할 수 있도록 돕는 실용적인 책들입니다.

Simpleer

001 《80:20 학습법》

최소한의 노력과 시간으로 최대 효과를 내는 학습법

피터 홀린스 지음 | 김혜정 옮김
208쪽 | 19,800원

002 《한 페이지 표의 힘》

누락 없이, 중복 없이 모든 일을 정리하는 도구

이케다 마사토 지음 | 김은혜 옮김
240쪽 | 19,800원

003 《질문의 기술》 근간

심리학이 가르쳐주는 질문의 기술

오타니 요시코 지음

004 《샤프》 근간

인생을 더 날카롭게 만드는 14가지 뇌과학의 비밀

테레즈 허스턴 박사 지음